企業経営と人生設計のワークブック

経営はアート、管理はサイエンス

岡崎宏行
佐久間輝雄
藤江昌嗣

芙蓉書房出版

はじめに

40数年の経営コンサルティング人生を通じて感じたことがある。それは、「企業経営」と「人生設計」には、多くの共通点があるということである。

というのは、自分らしく生きたい、その企業らしさを発揮して社会に貢献したいと考えた場合、「○○らしさ」を発揮したいという共通部分があるからに他ならない。

他と同じであれば、存在価値がない。当たり前のことを、当たり前に行うだけであれば、楽しくない。自分の存在価値を明確にしたい。企業の存在価値を発揮したい。もっと言えば、「自分でしか出来ない」「他はやらない」ことを徹底的に行いたい。

そう思っている人は少なからずいらっしゃるのではないだろうか？

ただ、残念ながら、それを満足のいく形で実現できている人は少ない気がしている。

それは、仕事の世界でも、家庭のことでも、趣味の世界でも同じである。経営（アート）の世界（「こうしたい」）と管理（サイエンス）の世界（「こうやったら出来る」）の橋渡しに大きな壁がある気がするからである。

右脳で大きな夢を語っても、実現できなくては意味がない。実現可能性から煮詰めていくと、大きな夢など語れなくなる。そんな矛盾に、夢は夢、現実は現実と諦めていることはないだろうか。

「少年よ大志を抱け」というクラーク博士の言葉は、余りにも有名であるが、それも、実現可能性を感じ、何が何でも成し遂げようと思えてこそエネルギーとなる。社長が苦しそうだと、誰も社長になりたいと思わない。そんな橋渡しを目指して、少しでも有意義なワクワク人生を送るためにと思い、また自分のためにも、そして、自分自身が使えるモノを目指し本書を手掛けることにした。

今回の本は、ビジネスマンにはもちろんのこと、学生の皆様にも、主婦の方々にも活用して戴きたく思っている。

そんな意味でも、多くの方々の力をお借りして出版にこぎつけた。
今回は、特に以下の３人の方の多大なるお力をお借りすることが出来た。
一人目は、明治大学の藤江昌嗣教授である。藤江先生は、多くの優秀な学生と末永く接点を持たれ、大学内のみならず、産業界にも大きな貢献をされている。また、明治大学では副学長という大役も担われたことがある。内閣府をはじめ、経産省や総務省など、多くの中央官庁の専門委員なども歴任されている。最初の出会いは、経産省が進めていた「IT経営百選」の専門委員を一緒に担った時である。審査委員として候補企業の審査に全国を飛び回っていた頃、鹿児島の企業に一緒に訪問した時のことは、今でも鮮明に覚えている。それ以降、事業創造大学院大学での授業や明治大学での先生の授業の支援も微力ながら行わせて戴いている。また現在は、ＭＯSマネジメント・オブ・サスティナビリティ研究所所長、戦略研究学会会長などを務められている。
もう一人は、佐久間輝雄社長。最初の出会いは、35年程前のことであるが、日産自動車のプロジェクトでご一緒した時のプロジェクトリーダーである。一緒に海外視察をした思い出もある。佐久間社長のリーダーシップには目を見張るものがある。その源は、野球の名キャッチャーとしてのリーダーシップにあるような気もするが、大きな組織を動かす、人材を育てるという意味でも大きな実績を出して来られた。日産の販売研修センターの講師をはじめ、教育プログラムの企画実践からテキストづくり、経営トップをオーナーとする数々の社内プロジェクトを推進され、その実績を買われ、日産自動車の関連会社２社の社長を、また、本社から社長支援として10社の経営支援にたずさわり、多くの実績を自ら出されている。結果が全てと言われる社長業について、実績を踏まえたコツの部分の執筆を担当して戴いた。
最後は、この出版に当たってわがままを聞いて下さった、株式会社芙蓉書房出版の平澤公裕社長の存在である。たくさんの要望を共感をもって受け入れて下さり、実現させていただいた。持ち歩きやすい装丁、記入しやすい紙の選択、著者別に個性を活かしたバラバラのフォーマットの活用など。一緒に企画合宿にも参加して戴き、著者の想いをプロの立場で形にしていただくことが出来、とても満足している。目的のためには妥協しない、この姿勢こそ、この本で実践したいスタンスそのものである。

最近、「ボヘミアン・ラプソディ」が大ヒットし、クイーンが再注目されているが、「６分を超える長い曲などラジオで流してくれない」といわれる中で、妥協しなかった彼らの「こだわり」と、おこがましいかもしれないが、共通性を感じてしまう。

2019年9月

岡崎 宏行

企業経営と人生設計のワークブック　目次

第２章　「幸せ」と「達成感」　藤江昌嗣　49

第3章　自分の人生設計を考える　岡崎宏行 67

第4章　ビジネスプランを考える　岡崎宏行 133

第５章　確実にビジョンを実現するために　佐久間輝雄 *169*

序　章

経営はアート、管理はサイエンス

岡崎　宏行

1．自分のための設計ワークブックとして

本書は、自分のため、そして、我が息子と娘のために整理・準備したものである。

万人に活用していただけるとは思えないが、本書に書き込みをすることによって、自分の使いやすい「人生設計／仕事設計シート」として仕上げていただければ本望であると考えている（そのために、書き込みがしやすいように工夫してみた）。

私の場合、「人生設計編」「ビジネス設計編１」「ビジネス設計編２」「趣味編１」「趣味編２」と、少なくとも５冊の書き込み版を作成するつもりでいる。

40年を越えるコンサルティング経験の中で、さまざまな手法やスタンスを学び活用してきた。ただ、そこには、テクニックに勝る「普遍の論理」、「成功の鍵」があるように思えている。

その本質を、そして自己の特質、エネルギーを十分に顕在化し活かすことが、「一度しかない人生」を謳歌するポイントのように思えている。

2．人生で多くの意志決定をしている

私自身、多くの分岐路に立ってきた。この仕事についたきっかけは、高校時代に読んだ『蛍雪時代』という雑誌の大学の学部学科の紹介記事であった。私の恩師（村松林太郎先生）を知ったのは、そこに掲載されていた記事であった。大学で、トヨタ自動車や日本航空、新日鉄等とのプロジェクトを行っているとの記事は、私にとっては極めて興味深く魅力的なものであった。本当に大学に入学したら、そんなプロジェクトに参加させてもらえるのかと、まだ合格もしていないのに、先生のところに聞きに行ったものである。当然のことながら、「入学したら相談に来なさい」と言われたのであるが、幸いなことに学部の１年生の時から、プロジェクトの一端に関わらせていただけることになった。どこまで意図して行えていたかは疑問だが、この選択（意志決定）が、今の人生に極めて大きな影響を与えているのは「事実」である。

3．すべての本質は、Win－Win－Winから

そんな種々の関わりの中で、本質は、「Win－Win－Win」の形成であることに気づかされた。Win－Loseの構造は、長続きするものではない。Loseの立場になった人や組織は、必ずリベンジを目指して頑張ってくる。

このエネルギーも大事ではあるが、Win－Winを目指したいものだ。

「Win－Win」という言葉は、最近良く耳にするようになっているが、コンサルティングにおいて「Win－Win」の形成は1988年頃から強く意識している。これが「ビジネスの基本」であることは言うまでもないが、社会人として生きる上でも不可欠かつ重要なポイントであると認識している。

Win－Win－Win が全ての基本

そもそも経済活動の原点は、「物々交換」と言われているが、この構造こそが「Win－Win」の形成であると認識している。海の近くに住んでいる人達が海産物を、山に住んでいる人達が穀物や山菜を持ち寄り、お互いに交換したというものであるが、ここにポイントが１つある。

それは、「その人ならではの」をお互いに認識していることである。

① その人（会社）でしか出来ない。

② その人（会社）だから上手く出来る。

③ 他の人（会社）はやらない。

この３つの要素の認識がWin－Winの形成に役に立つ。

言い換えれば、その３つを探してみたい。

自分「ならではの」の発見が、自分の存在価値を確認するうえでも、自分がWin－Winの構造の中に堂々と入り込むためにも、必要不可欠な要素であると思えてくる。

その「ならではの」は、何もスキルである必要性はない。①情報性　②専門性はもとより、③人間性　④関係性　⑤ポジション（期待役割）　⑥報酬性（評価）　⑦強制力　の観点から、自分の、自分ならではの影響力や存在感を模索してみたい。

4．目的を見失わないこと

まず、意識したいことに「WHY」の明確化がある。「WHY（何の為に)」が明確になると、「WHAT（何を)」を決めることが出来る。そして、それを実現するために「HOW（どのように)」が大事になってくる。このことは、基本として多くの人が認識しているが、「手段が目的になってしまっている」場面を見受けることが少なくない。

WHY
⇩
WHAT
⇩
HOW

そこには多くの落し穴がある。漠然としていたり大き過ぎる『WHY』は、実現するためのエネルギーにならない。具体化と絞り込みが大切である。しかし、これも容易なことではない。特に自分のこととなると曖昧になってしまいやすい。

そこで、本書のワークシートを使いながら、具体化と絞り込みを徹底してみてほしい。私もこのワークシートを活用して自ら挑戦したいと思っている。

具体化している「WHY（何の為に)」については、映像を浮かべることが出来るモノである。成功イメージを映像化出来れば、具体化していると認識して良いと思っている。

そんな想いで、日常生活を送ってみたい。「こうなると良いな。こうなると嬉しいな。こうしたいな」が映像に浮かぶと、ワクワク出来ると同時に何が何でも実現しよう、実現したいと思える気がしている。

ツールや手法の多くは、HOWに焦点をあてたモノが多く、短期間で効率的に有効な効果を出すことには極めて効果的であるが、それが目的になっているのかどうかの判断が重要であることは言うまでもない。

限られた時間や資源の中で、「過剰」による損失は、十分に認識しておきたい。過剰は、自己満足には貢献するが、「Win－Win」の形成には障害になってしまう場合が多い。WHYに貢献しない余計なことはしないほうがよい。

過剰(余計)は、
「Win－Win」の
足を引っ張る

そんな意味でも、いつも、そして何度でも「WHY（何の為に)」を自問自答したいと考えている。いつも、原点は「WHY（何の為に)」にある。

5．実績が全て

実績が全てと言うと、多くの人が閉口してしまう。「プロセスも大事」ではないか、と主張される場合が多いと思うが、私に言わせると、「プロセス」に対しても具体的な評価基準が存在し、客観的に評価できるのであれば、それは実績として評価できると思っている。

ゴルフのスコアは、一般的には1ラウンド18ホールの合計スコアを実績としてとらえるが、そのプロセスである各ホールのスコアや、パットの数、ティーショットの飛距離も、ここで言う実績そのものなのである。

ただ、「一生懸命やってたね」は実績とは言えないし、プロセス評価にも値しないと考えている。具体的に見える形で、客観的に誰が評価しても同じような評価になる形で見える化できるのであれば、立派な実績と言って良いと認識している。

実績
（具体的）
⇩
達成感
（ワクワク）

そういう意味での、「実績が全て」なのである。

プロセスであっても、「見える化」して、皆で達成感を味わいたいものである。

6．実績とは

ここで、実績について定義しておきたい。

実績とは「目標に対する評価結果（ただし、目標は客観的に測れるモノ）」と定義するとすると、目標設定が極めて大事なことになる。

ここでいう目標設定は、評価基準を設定することに他ならない。

この評価基準の整理、及び具体化の仕方については、本編のワークシートを活用して進めていただきたい。

が、その前に基本的な考え方を整理しておく。

目標設定
⇩
評価基準

今回設計するプランは、あくまで自分のための仕込みである。実績の評価も自分で行いたい。その評価は一般論ではない。本人が良いと思えれば、それで良いのではないだろうか。そんなスタンスで進めてみてほしい。

ただ、避けたいのは、「後出しじゃんけん」と「自己満足」である。

それを回避するためには２つの条件がある。
１つ目は、事前に評価基準を設定しておくこと。
２つ目は、その評価基準が客観的に測れる基準になっていること。
である。
これは、ビジネス領域でも同じであると思っている。
〈企画段階でゴールを明確に設定する〉
その上で、実践する。その際に、ゴールを明確に伝え、宣言しておく。
例えば、Ｂ社のCTOの携帯電話番号をゲットしてくる。
Ｂ社のCTOから自分の携帯に土日でもかかってくるようにする。
Ｃ社との共同出願の特許をここ１年で３つ以上創り上げる。
不良率を0.001％以下にする。
現状の製造コストを30％以上下げる。
という風にだ。もちろん、ゴールを達成する時期も明示しておく。
そして、その時期が来たら、皆で評価して、それを広報する。
皆の評価が分かれるような評価基準は使えない。
皆が同じように評価ができるのであれば、関係ない人であっても、それは実績として評価される。もちろん、自分としても堂々と広報出来る。
そんな風に考えると、趣味の世界であっても、自己研鑽の目標であっても、事前の具体的な目標設定と評価基準が大切であること、そしてそれを明文化して自分自身が逃げないようにしておくことが重要である。

これらは、あくまで、自分の実現したいことを確実に実現するためにである。

7．経営はアート、管理はサイエンス

今回の本の整理をしてみようというきっかけになったのは、〈経営はアート、管理はサイエンス〉というキーワードに他ならない。私は、理系であるので、特にそうなのかも知れないが、全てのモノゴトを論理的にサイエンスとして分析、結論を出そうとする傾向がある。
ただ、世の中はそうでも無い。理屈でない世界に大きな価値を見出している場合が多い。

極端な話、自分が人生のパートナー（結婚相手）を決めようとした時、論理的に考えているだろうか？　少なくとも私の場合は、そうではなかった。

そういう意志決定には３つの種類があると私は認識している。

１番目が「論理」による意志決定。

これは、納得がベースになる。したがって、納得するための事実情報が大事になる。誰もが納得できる「裏付け（エビデンス）」が要になるのである。

この意志決定は、「左脳」による意志決定と言えるモノである。

２番目が「情熱」による意志決定。

これは、「～して欲しい」「～したい」がエネルギーの源。納得しなくても、やりたいことはたくさんあるし、身体に悪いとわかっていても吸ってしまうタバコは、この意志決定の構造である。論理に比べて、エネルギーは高い。論理的には悪いと思っていても選択してしまうのは、この意志決定である。

３番目が「イメージ（憧れ）」による意志決定。

これは、「憧れ」による意志決定である。このエネルギーが最も大きいと認識している。憧れの世界が、それを実現した状況として、映像になって見えてくる。そんな状況を目指して頑張れるモノである。実現可能性を超越した憧れのエネルギーをうまく活用したいものである。

２番目「情熱」、３番目「イメージ（憧れ）」の意志決定は、「右脳」による意志決定と言えるモノである。

右脳と左脳は、一緒に働かないと言われているが、自分が意志決定する時もそれは同じ、どちらで先に決めるかを決めておくことが有効であるのは言うまでもない。第３章、第４章で詳細は記すが、自分に合った、テーマに合った意志決定をしたいものだ。

さて、見出しである〈経営はアート、管理はサイエンス〉に話を戻す。

「経営」は、その会社らしさを明確にし、目指すべき方向を明確にすることに始まる。そのために、存在価値とポジショニングを具体的に確認し、それを効果的に実現する戦術も考える。WHYの追求であると認識している。

「管理」は、WHATに対して効果的で効率的な方法で、目標を達成することを役割とする。そのためには、事実をシッカリと把握し、論理的な分析と論理的なアプローチは不可欠である。そこには、巧みなHOWが求められる。と認識している。

これは、ビジネスにおける例えであるが、人生設計についても、同じようなことが言える。

「経営」と言われるところは、「自分らしさ」の追求である。これが、必ずしも正しいかどうかではなく、本音で「実現したい姿」であるかどうかの追求になる。そこは、思いつきではなく、何度も自問自答して腹に落としてほしいところである。行き詰ったとき、悩んだとき、それでも実現したかったことかどうか、と考えてみたい。

「管理」については、「こんな風になりたい、したい」に対して、そのようになるための工夫である。何も考えなくても実現すれば、それにこしたことはないが、現実はそんなに甘くない。多くのギャップを生じるものである。その事実をシッカリと把握し、現実とのギャップを明確にして確実に目標達成するためのアプローチである。ここには、論理的な思考と手順（プロセス）が大きな役割を担うことになる、と認識している。

趣味についても同様である。

「経営」と言われるところで、実現したい映像が浮かぶのではないだろうか。映像に浮かんであこがれる世界が見えていれば、この領域は完了である。ここでは、実現可能性の検討は不要である。何が何でも実現したいと思えるかどうかが重要なのである。そこが腹に落ちて沈殿していれば、諦めない限り、成功に結び付けられるものである。

「管理」については、その夢への確実な実現方法の具体化である。趣味の世界と言えども、極めるとなると容易なことではない。それ故、没頭して楽しいわけであるが、科学的なアプローチで、確実に目標達成したいものである。

8．経営と管理を分けて考える

各々の領域で、経営レベルと管理レベルに分けて考えてみたが、「経営」と「管理」では、明らかに思考パターンが異なっている。

「経営レベル」では、実現可能性を考えずに実現した時の大きな夢をイメージしてみる。そこにワクワク感を感じ、何が何でも実現しようとする気持ちになれれば、この領域は完成である。本当にそうかと自問自答して、「そうだ」と言えればOKなのである。

ここで、「イノベーション成功の５つの鍵」を紹介しておく。

イノベーション成功の
５つの鍵
①情熱
②戦術
③人の力を借りる工夫
④タイミング
⑤スピード

イノベーションを実現する上で最も重要なのは「情熱」であると認識している。

「情熱」を持ち続けられるために重要になるのが、理屈ではない経営レベル（アート）での意志決定なのである。

どうしても実現したいという熱い想いが、大きなエネルギーになるのである。そういう意味でも、潜在的な本望も含めて、シッカリ棚卸しをして意志決定したいものだ。

一方、「管理レベル」では、実現に重点移行される。そのために、別次元として分けて考えてほしい。情熱で決めた「経営レベル」のことは、与件として扱ってほしいのだ。

確実に実現する上で、シッカリ意識したいのが、戦術の選択、総力を結集するために人の力や知恵を借りることである。そいて、タイミングとスピードの管理も重要である。遅いのはもちろんだが、早すぎても逆効果の場合が少なくない。スピードに関しては最速スピードと経済スピードを把握認識しておきたいものだ。この領域は、サイエンスで乗り切りたい。

９．スタンスも重要

最後にスタンスも忘れてはならない。そのスタンスを改めて棚卸ししてみるために各章を準備してみた。ワークシートも活用しながら、自分の価値観、生きざま、学び方について再考してみたい。その上で、１つ１つ、自分の思い通りの人生設計に臨んでほしい。いや、望みたい。

第1章

学びのスタイルとファクトファインディング

藤江 昌嗣

1．学生時代の学び ― 心礎を築く

故長尾真（1936-2019、元京都大学総長、元国立国会図書館長）はかつて大学新入生向けに以下のように語った。

大学は学問の場であり、体系化された知識としての学問を通じて、自らの将来の方向を見出し、それを実現するために、社会がどういうものであり、自分がどういう人間であるのかを知る場である。こうした学問への道につながりながら、他方で、大学は将来の自分の歩むべき方向を発見する場でもあり、自らに限界を設けず、その無限の可能性を創り出す基礎を築きあげる場でもある。

私たちが取り組まなければならない未解決の課題は、東日本大震災とその後の状況が示す環境・エネルギー問題、ノーベル医学賞を受賞された山中伸弥先生のi-PS細胞を利用した治癒困難とされてきた難病の治療、本庶佑（ほんじょたすく）先生の取り組んできた癌治療、あるいは食糧問題、資源問題等すべての国や民族を超えた世界全体の問題であり、世界的視野を以て、世界中の人たちと協力して解決する努力が待たれているものである。

では、世界中の人たちと協力して課題を解決するためには、どのような人間が必要であろうか？

長尾真はこのような人物像を描く。

「①物事をよく理解し、判断し、行動に移していける人―挑戦者―、
②国際社会でしっかりした発言ができ、英語など外国語で適切なコミュニケーションができる人、
③はっきりした意見をもち、新しい考え方を創造できる人、
④幅広い教養を身につけ、他人の立場が理解できる寛容の精神を持った人」（朝日新聞　1998年4月8日付夕刊）

（1）心礎―学びにおける３つの目

さて、学びにおいては、３つの目をもつことが期待される。

すなわち、一つは虫の目、精確にみる目である。二つ目は魚の目、ものごとの流れを見る目である。最後の三つ目は、鳥の目である。鳥のように

少し高いところから、目の前の課題や、それに取り組んでいる自分をみる、俯瞰する目である。こうした虫の目、魚の目、鳥の目という３つの目をもつことで、学生の日々の取り組みは、専門的にも深まり、総合的体系的にもなるという点で、より豊かになるはずである。

奥平康弘（1929-2015、東京大学名誉教授）はかつて「面白いけれどつまらぬものはフリルのようなヒラヒラしたもの」と呼び、本質からそれた文化を「ヒラヒラ文化」と呼んだ（『ヒラヒラ文化批判』有斐閣、1986年、3頁）。奥平は、現在の文化の特徴を「フリルのついたところ」に見出し、「フリルがついていなければ『文化的』とはいえないと、文化の担い手の多くが考えているらしい傾向」を指している。３つの目を用いて見ていないという訳である。

こうした３つの目は学び方の基本的な姿勢に大きな影響を与えるものであり、本質を見る目をもつというのは、心眼というよりも、こういう心礎を自らの中に築くことなのである。

そして、各自の心礎は各自の個性の形成や発揮にもつながるものである。

（２）個性と見ること・観ること

では、個性はみることとどのように関係するのか？

ある遅咲きの日本画家の言葉を引いてみよう。小泉淳作（1924-2012）は「個性というもの」について以下のように語る。

「絵画作品に現れる個性というものは、すなわち作者自身であって、無理に画面の中に特徴を表そうとしても、それは個性ではなくて単なる作為に他ならない。作者は自分自身の心の中の欲求や感動を素直に見つめ、それに従うことによって画面に自然ににじみ出てくるものが、本当の個性というものではないかと思う。

　ところが、これがなかなか難しいことで、絵を描こうとする心の中の大きな部分が人に受け入れてもらいたいことであったりすると、何のために仕事をしているのか分からなくなってきて、出来上がった作品は個性を失った無感動なものになってしまう。展覧会などでズラリと並んだ作品を見ても、その下にある名前を見ないと誰が書いたものか分からないというようなありさまである。…（中略）…

　自分の個性や才能というものは自分では分からないのだから、自分の欲求に正しく従うような生き方をするより仕方がないということになる。

我が師山本丘人先生はよく言っておられた。「人は生まれ落ちたときに既に一流とか二流とか決まってしまっているから後はそれなりに一生懸命やればいいんだ」と。

個性などというものは後から作り上げられるものではないが、自ら磨き上げる努力を重ねていかなければ、どんなに優れた個性の持ち主でも実ることがないであろう。

また日常どんなに努力を積み重ねたところで、本来持って生れなかった個性は実りようがない。しかも自分の個性がどのようなものであるのかは、一生やってみなければ分からない。

芸術とはそのような冷酷無残なものであるのだ」(小泉淳作『随想』文藝春秋、2008年、144〜145頁)

(3) 心礎と友を築き、辛抱強く迷いながら考え抜く力を

大学は、勉学はもちろんのこと、部活動やさまざまな活動を通じて、さまざまな未解決の課題に取り組む心の基礎—心礎—と、仲間—友—を自ら築いていく場である。

「花があるから美しいのではなく、美しいと思う心があるから美しいのである」という言葉は、私の高校時代の恩師(故増田三男、彫金・人間国宝、元埼玉県立浦和高等学校教諭)の言葉であるが、これと同様、同じ場所にいるから友なのではなく、友であるという気持ち、友を大切にしたいと思う気持ちがあるから友が創れるのである。

友の存在を前提に、「辛抱強く、迷いながら、自分で考える努力を続けること」である。大学は総合知と専門知の2つを学ぶ場であるが、それは大学にはその位置する大学都市としての精神史、思想史、文化史が存在するからである。

ユニバーシティとしての大学は、12世紀中世に設立され始めた。それは、例えばイタリアのボローニャ大学とフランスのパリ大学などであり、その後、14世紀に入ると神聖ローマ帝国の領邦君主らによってプラハ大学(1348年)、ウィーン大学(1365年)、ハイデルベルク大学(正式名はルプレヒト・カール大学、1386年)が設立された。そこでは、伝統的に神学、法学、医

学といわゆるリベラル・アーツ（=自由七科；算術、幾何、天文、楽理、文法、論理、修辞）を教師主導という形で学んだのである。

これに大きな変化を与えたのは、ベルリン大学である。この点を生松敬三（1928-1984）の著書から引いてみよう。

ベルリン大学は国家からの「学問の自由」の標語の下に、研究者と学生が自主的な研究に基づき、真理と知識の獲得を目的として、法学、神学、医学などの伝統的な学問領域を軸としつつも、これら３つの学問に自然科学を含め、これらの学問の理論的な研究を哲学が指導するという形式を作った。しかし、法学や自然科学は実践的な学問（実学）という性格を帯び、総合知と専門知という２つの知が育まれていったのである。

ハイデルベルグ大学はルターの学んだ大学としても有名であるが、大学の歴史にとり「宗教改革」や1789年の「フランス革命」さらには19世の産業革命が大きな影響を与えた。学問・研究の自由とその学問・研究の基礎固めのための営為が始まるのである。それは、ハイデルベルグ大の場合、優秀な教授陣の獲得と充実であり、美しい自然や、古城の廃墟、それらの芸術性への高い評価と再認識の動きであった。中世以来の大学都市としての「精神史」「思想史」「文化史」から学ぶべきことが強調される由縁である（生松敬三『ハイデルベルグ　ある大学都市の精神史』TBSブリタニカ、1980年、45〜50頁）。

2．自分の学びのスタイルについてのテスト

ここでは、自らの学びのスタイルについて、Kolb（1974）のテストにより確認してみることにする。

1．学びのスタイルについてのテスト

（1）テスト用紙（Learning-Style Test）

1）学び方の特徴を示す４つの選択肢からなる９つのグループの各々について、自分に一番近いものから、自分の欄にランク４→３→２→１という順に重複なく番号を振る。

表1　学びのスタイルテスト用紙

グループ番号	自分のランク	学び方の特徴	グループ番号	自分のランク	学び方の特徴	グループ番号	自分のランク	学び方の特徴	グループ番号	自分のランク	学び方の特徴
1		区別できる	1		ためらい勝ち	1		複雑な	1		実践的な
2		感受性が強い	2		関連付ける	2		分析的な	2		公平な
3		感性	3		凝視する	3		思考	3		実行
4		甘受する	4		リスクをとる	4		評価力のある	4		ものの分かった
5		直観力のある	5		生産的な	5		論理的な	5		探求的
6		理論的な	6		注意深い	6		具体的な	6		活動的な
7		現在志向	7		熟考する	7		未来志向	7		実用本位の
8		経験	8		観察	8		概念化	8		実験
9		感情的な	9		遠慮した	9		合理的な	9		行動に責任をもつ

CEの得点＿＿＿＿　ROの得点＿＿＿＿　ACの得点＿＿＿＿　AEの得点＿＿＿＿

（Kolb, et. Al., *Organizational Psychology: An Experimential Approach*, Prentice-Hall, 1974.）

2）番号が振り終わったら、列ごとの６つの指定されたグループ番号のみの順位の合計を計算する。これを「合計得点」と呼んでおこう。

CE（Concrete Experience、具体的な経験重視タイプ）の場合は

…………………………2,3,4,5,7,8の合計

RO（Reflective Observation、熟考的観測タイプ）の場合は

…………………………1,3,6,7,8,9の合計

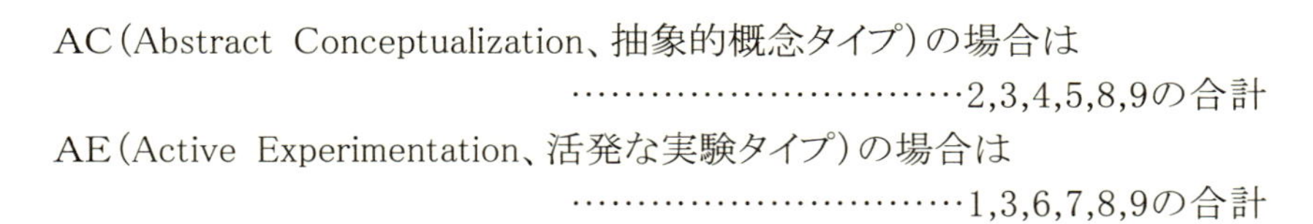
AC（Abstract Conceptualization、抽象的概念タイプ）の場合は
……………………………2,3,4,5,8,9の合計
AE（Active Experimentation、活発な実験タイプ）の場合は
……………………………1,3,6,7,8,9の合計

（２）分析作業図

チャート図１にこれらの合計得点を示すと、その得点の大きさで４つの学びのタイプのどれが、あるいは複数が強いか、反対に弱いかがわかる。

あなたはどのタイプになりましたか？

図１　分析チャート図

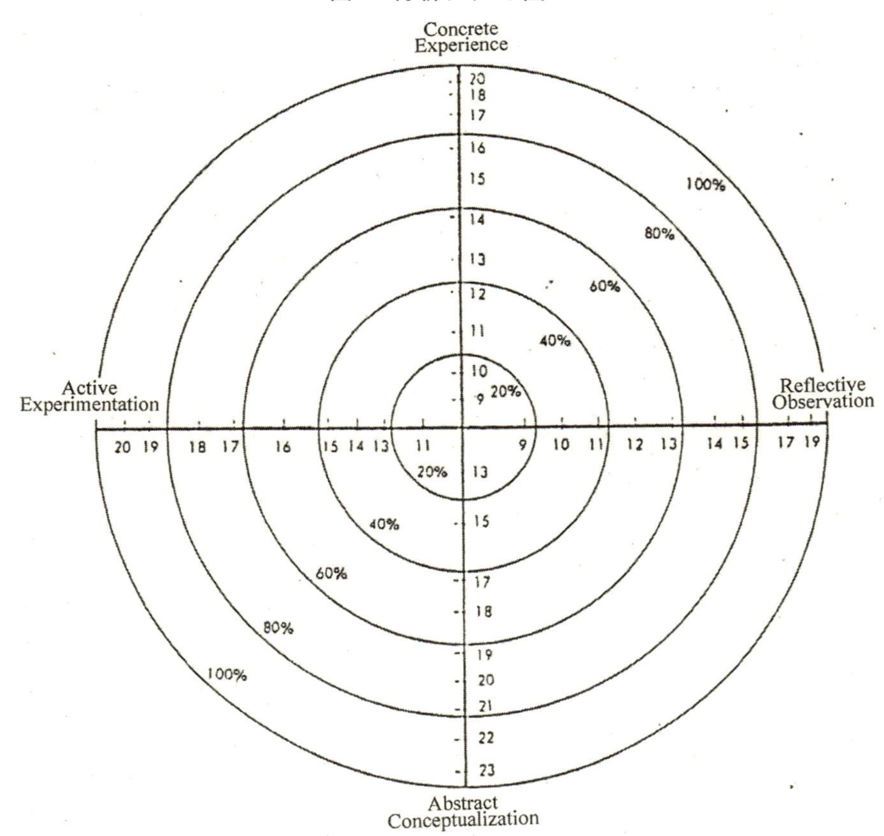

次のステップに移ろう。この４つの学び方のタイプであるCE，RO，AC，AEの中で、正反対の特徴をもつものの組み合わせの差を計算する。すなわち、AC－CEとAE－RO を計算する。これらの差を、学びのスタイルの４つのタイプを示す図２にプロットすると、各自の横軸の得点（X=AE－RO）と縦軸の得点（Y=AC－CE）がつくる座標 P（X， Y）が第１象限に落ちればDiverger（「外れ者」）、第２象限に落ちればAccommodator（「適応者」）、第３象限に落ちればConverger（集中力ある者）、そして第４象限に落ちればAssimilator（「同化者」）という学びの特徴づけが可能となり、その特徴に相応しいと考えられる職業が示される。図３に移ろう。

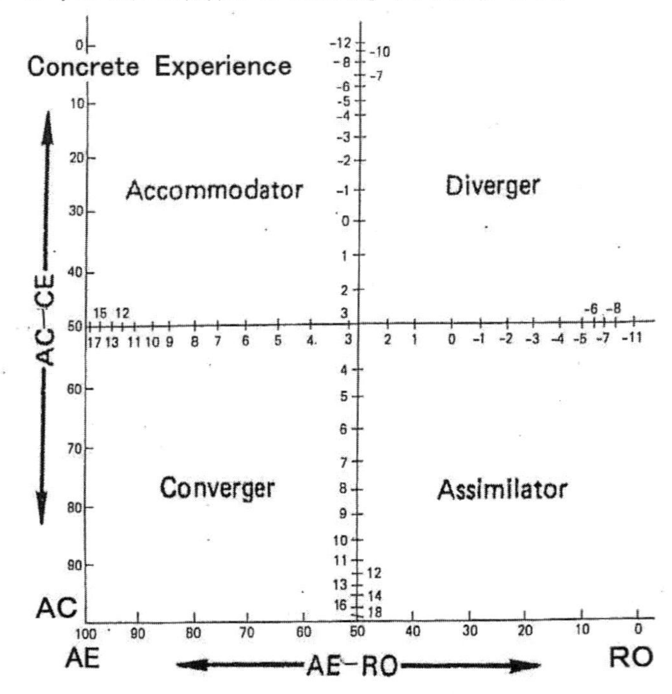

（出所）Learning Style Type Grid, by David A. Kolb, 1976.

図3 座標と「適職」

Accomodator（適応者）	Divergent（外れ者）
状況に上手く適応できる 直観的/試行錯誤 フレキシブル 成果志向 目標志向 決定の実行者 販売士、ビジネスマン、マーケティング	想像力に富む ブレインストーマー 幅広い関心 芸術・人文学志向 想像力に富む 代替案の考案 問題を認識できる コンサルタント、個人事業主、カウンセラー
Convergent（集中力人）	**Assimilator（同化者）**
設計者（デザイナー） 評価（査定）者 最善の方法 エンジニア 冷静/正確 伝統的な試験方法の利用 工業販売士、エンジニア、 法律家、コンピュータプログラマー	理論モデルの考案者 抽象的概念好き（数学、科学） 情報の体系化や統合 計画 問題の定義 理論に合わせるために事実を変える プランナー、研究、科学者、 大学教授、ビジネスマネージャー 財務担当者、数学者

第２象限のAccomodator（**適応者**）は、状況に上手く適応できる、直観的あるいは試行錯誤、フレキシブル、成果志向、目標志向、決定の実行者という特徴をもち、職業としては、販売士、ビジネスマン、マーケティングが向いているとされている。

第３象限のConvergent（**集中力ある者**）は、設計者（デザイナー）、評価（査定）者、最善の方法、エンジニア、冷静あるいは正確、伝統的な試験方法の利用者という特徴をもち、工業販売士、エンジニア、法律家、コンピュータプログラマーが向いているとされている。

また、第４象限のAssimilator（**同化者**）は、理論モデルの考案者、抽象的概念好き（数学、科学）、情報の体系化や統合、計画、問題の定義、理論に合わせるために事実を変えるという特徴づけがなされている。職業としては、プランナー、研究、科学者、大学教授、ビジネスマネージャー、財務担当者、数学者が向いているとのことである。
さて、最後になったが、第１象限は、Divergent で「**外れ者**」と呼んではいるが、意見が異なる、常識から反れる・離れる、拡散するなどの意味があるこの「外れ者」は、実は、想像力に富み、ブレインストーマー（物事を更地(ゼロ)から考え直し、作り直すことができる人)、幅広い関心をもち、芸術・人文学志向で、創造力に富み、代替案を生成し、問題を認識できる人とされている。とても良い「外れ者」ではないだろうか？
この手の「外れ者」はコンサルタント、個人事業主、カウンセラーなどに向いているとされている。
さて、読者の結果はどうであったろうか？
プロットされた座標Ｐに基づく自分の学びのスタイルの特徴は自分の感じていた特徴と合っていただろうか？
また、向いている職業については、どんな感想を持ったであろうか？
人間少なくとも37歳（？）までは変われると言われている。したがって学びのスタイルも創造的に変化していけるものである。

2．アクティブラーニング

アクティブラーニングという言葉が教育の世界で語られるようになって10年を超えた。その定義は多様で、必ずしも明確なものにはなっていないが、「主体的・対話的で深い学び」（2018年度からの初等・中等教育の「新学習指導要領」）を指すとされている（橋本勝編『ライト・アクティブラーニングのすすめ』ナカニシヤ出版、2017年、3頁）。
橋本勝（富山大学教授）は「橋本メソッド」の開発者であり、実践者であるが、自らの学生時代を振り返り、強いて挙げた「主体的な学習」の記憶としてその学部３回生の時の６人のゼミ同期生による「インター大会」の取り組みを挙げている。
そのメンバーの一員として私も参加していたが、それは関東、関西、九州など全国の各大学が集まった学生がゼミの研究テーマである統計を用いた分析結果や手法について自主的に発表しあう大会で、「学生が勝手に学び合う場」（小田隆治・杉原真晃『学生主体型授業の冒険　自ら学び、考える大学生を育む』ナカニシヤ出版、2010年、23頁）であったし、「そこでは、競争原理と学生主体がかもし出す独特の熱気があった」（同前）。

橋本は、「橋本メソッド」の方法の特徴として自ら以下の３点を挙げている（清水亮・橋本勝編『学生・職員と創る大学教育　大学を変えるFDとSDの新発想』ナカニシヤ出版、2012年、第６章「対話力から主張力へ」）。

①全体的討議の活発さと時間の長さ

②グループ活動の自由度の大きさ

③交換日記的なシャトルカード対応

では、これらを重要な要素とする「橋本メソッド」は何を狙い、生み出そうとしているのか？　それは、「自由な会話力が生み出す主張力」（同前）であり、日本の大学生の弱点の克服である。

３.「スパゲッティ症候群」と地政学的マクロ経済学

経営学は具体的で大変面白いが、経営学にとって周辺学問とりわけ経済学はどのような意味を持つのであろうか。

マクロ経済学は、家計、企業、政府、海外部門等の主体（セクター）が行う経済活動を、所得、雇用、投資、貯蓄のような集計概念を用いて分析する経済学の一分野である。

こうした分析は、現実の世界で起きている過剰生産、失業、インフレーションやデフレーション、国際収支の赤字（結果としての資金不足等）など伝統的課題を解決するために考え出された道具と言えよう。その道具を政府や中央銀行（日本の場合は日本銀行）が処方箋として用いると財政政策や金融政策という経済政策となる。

しかも、過剰生産、失業、インフレーションやデフレーション、国際収支の赤字等の解決すべき課題はある時代の課題であって、各国が経済発展する中で自国の経済規模が大きくなっていき、なおかつ、他国との相互依存関係が深まっていく中で、その原因は複雑化し、課題のスケールも大きくなっていく。

ファインセラミックス化学・インテリジェント材料学の研究者である柳田博明（元東京大学名誉教授、1935-2006）は、かつて、現代技術が患っている病気を「スパゲッティ症候群」（柳田博明『21世紀のための賢材開拓宣言』KDDクリエイティブ、1994年）と名付けた。そのこころは、複雑すぎて理解の糸口がつかめない技術は、ちょうど皿に盛りつけられたスパゲッティがどこで始まり、どこで終わるのか、また、中途はどう手繰(たぐ)るのかがわからない状態に似ているというわけである。

そして、このスパゲッティ症候群には4つの兆候（Sign）があり、第1の兆候は、現象面での「入り乱れ」状況であり、第2の兆候は課題を与えられた時にそれを解決する手段にかかわるもので、「問題解決を、複雑化する手法でしかできない思考上の疾患」、そして第3の兆候は、「複雑なものほど高度なもの、という誤った認識」であり、究極の兆候である第4の兆候は、「本質よりも周辺の方に努力が傾注されすぎた結果、本質が低下してしまう」というものである。

いわゆるグローバル化が進み、これまでの先進国だけでなく、新興国、新・新興国と言われるアジア、南米、オセアニア、東欧、中東等の諸国の経済発展が進んでいく中で、経済事象における政治的側面が深く関係してきている。それは、マクロ経済レベルで言えば、第二次大戦後のアメリカを中心とした国際的な経済システム（それは国際通貨制度や経済共同体、貿易ルールや国際的な金融ルールや国際金融機関等）が機能不全の兆候を明確に示してきており、この国際経済システムの立て直しが重要な課題となっていることの現出である。

思うに、政治と経済、宗教等が複雑に絡み合った現状をみると、柳田の言う現代技術の患っている病気の見立てである「スパゲッティ症候群」が現代経済についても当てはまる状況になっていると感じているのはひとり筆者だけであろうか。

また現在、私たちには上記の課題だけでなく、移民や難民問題、資源問題、環境問題、戦争と平和の問題、軍事経済・非軍事経済の問題等多くの課題がある。こうした問題を考えるには、多元的な世界観の上に広がる、国際的な相互依存関係もつ中で生じる多様な経済現象を把握する視座が必要となる。

アジアを中心にアジアから現在のマクロ経済学、その課題を考え、その解決のために現実の経済（軍事や平和とも深く関係する）現象が政治・外交事象とも結びつきながら、緩急はありながらも課題解決のために、一国内だけでなく、多国間での共同あるいは連携した行動が進むべきであると認識するのである。例えば、アジアという地理的特殊性を強調することで、アジアという一括りがそう容易なことではないことを自覚しつつも、課題解決のためにアジアの国々が協力していくことがアジアにおけるマクロ経済学の一つの存在意義と考える。

そのために、いわゆる地政学のもつ地理的特殊性を強調することで、世界観や政治現象の多元性に目を向けさせる積極面は有効である（佐藤健「日本における地政学思想の展開―戦前地政学に見る萌芽と危険性」北大法学研究科『ジュニア・リサーチ・ジャーナル（Junior Research Journal）』2005年）。

アジアだけでなく、トランプの大統領当選、イギリスのEU離脱（Brexit）、アメリカのTPP離脱（Amexit）も、こうした戦前の地政学とは異なる新地政学的アプローチにより、本質よりも周辺の方に努力が傾注されずに、シンプルな本質の理解につながっていくものと考える。経済という大きなレベルでの把握の上にミクロ的な経営活動の具体的意味やそのあり様の確実性や不確実性を考えることができるとも言える（藤江昌嗣『新地政学的マクロ経済学―IMF・GATT体制を越えて』学文社、2017年）。

３．ビッグデータ時代のファクトファインディングと統計学

1．ファクトファインディングのための道具

（1）ファクトファインディングと統計

私は、高校時代（浦和高校）の３年間、「工芸」という科目を人間国宝の故増田三男先生から学ぶ機会を得た。先生の授業は、製図（作図）に関する知識の修得を皮切りに、金槌や鉋、鋸そして鑿などの道具を揃えた上で、１年時にまず、全員に「道具箱」を制作させ、その後は各自の作りたいものを完成させるというように進んでいったのである。私は、二作目を食器棚のつもりで作ったが、それは不本意ながら家族の電話台として使われることになってしまった。そして、最後である三作目は、姉の結婚祝いとしてサイドボードを製作し、文化祭に間に合うことができた。不器用なため苦労して取り組んだことを作品以上に活き活きと覚えている。

増田先生は「道具は使いながらその使い方を覚え、研いでからしまうこと」—当たり前のようでなかなかこれができない—、また、「使う前にもう一度研ぐこと」も説かれた。これも言うまでもないが、しばしば忘れることがあった。道具についても、課題への思考と同様、研ぎ澄ますことを示されたのである。

そして、何より忘れることができないのは、みな同じ道具をもちながら、その作った「道具箱」は十人十色だったことだ。自分の使いやすいように作り上げ、各自が創造することが大事だったのである。個性というものの表出である。

私たちの生きている世界の出来事や環境、課題に深い関心を示し、その問題の理解と解決に必要な「道具の使い方」や「道具の開発」に目を向けることが、すなわち、現実の課題や問題にかかわっていく—コミュニケートしていく—ことが大切なのだ。しかし、道具と言ってもそう単純ではない。化粧筆を素材に今少し考えてみよう。

（２）筆はブラシではない！

広島県安芸郡熊野町に白鳳堂（取締役社長高本和男、1974年創業）がある。

白鳳堂は伝統的な筆の製造工程を活かしながら化粧筆を製造しているが、良質な化粧筆を安定して製造するために、各工程を分業化し、熟練の職人や多様な経験者たちが化粧筆を作り上げていく。

「筆は道具なり」というのが、白鳳堂のものづくりについての基本姿勢である。同社は、道具として使える筆しか作らない。つまり、筆を『付属品』と考える企業とは取引きをしないのである。

同社の製造するのは「筆」であり、「ブラシ」ではない。ブラシは毛を束ねて毛先をカットして形を整えるものであり、毛先を切らずに束ねて作るのが、刷毛（はけ）である。それでは、筆とは何か？

すなわち、毛先を活かし、バランスを考えて作るのが「筆」なのである。学びの道具も付属品ではなく、分析したい対象に合わせ、かつ、自らの判断の根拠となるための「道具」なのである。統計の道具もこれに通じるものである。

ファクトファインディングのための道具として統計学は活かし得るのである。

２．ビッグデータとは何か？

ビッグデータはどのように定義されるのであろうか？

総務省の『情報通信白書（2012年版）』によれば、ビッグデータとは「事業に役立つ知見を導出するためのデータ」であり、典型的なデータベースソフトウェアが把握し、蓄積し、運用し、分析できる能力を超えたサイズのデータを指すが、この量的特徴だけではなく、質的特徴がビックデータ現象を生みだしているとしている。すなわち、「事業に役立つ有用な知見」は「個別に、即時に、多面的な検討を踏まえた付加価値提供を行いたいというユーザー企業等のニーズを満たす知見」であり、それを導出するために求められる特徴としては、「高解像（事象を構成する個々の要素に分解し、把握・対応することを可能とするデータ）」「高頻度（リアルタイムデータ等、取得・生成頻度の時間的な解像度が高いデータ）」「多様性（各種センサーからのデータ等、非構造なものも含む多種多様なデータ）」の３点があり、これらを

図4　ビッグデータを構成する各種データ(例)

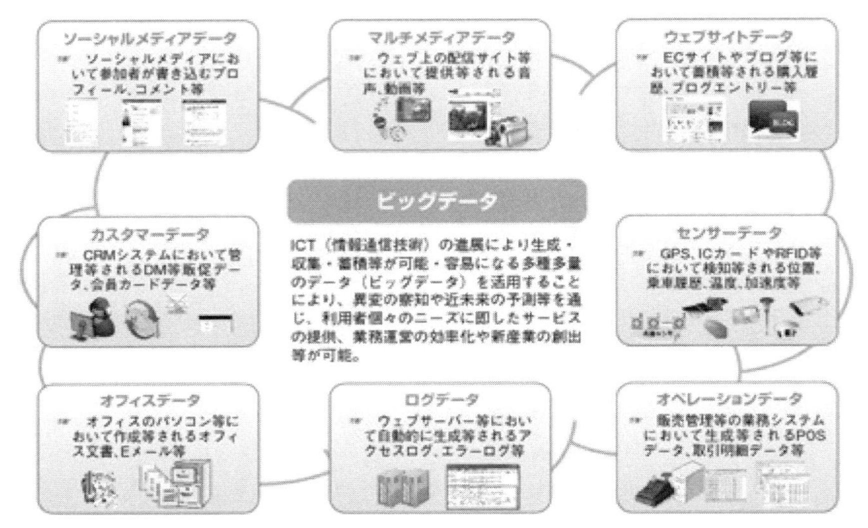

(出所)情報通信審議会ICT基本戦略ボード「ビッグデータの活用に関するアドホックグループ」資料

満たすために，結果的に「多量」のデータが必要となるというわけである（図４参照)。

ビッグデータには、ソーシャルメディアデータ、カスタマーデータ、マルチメディアデータ、ウェブサイトデータ、センサーデータ、オペレーションデータ、ログデータ、オフィスデータなどがある。

ソーシャルメディアデータとは、ソーシャルメディアに参加者が書き込むデータであり、カスタマーデータとは、CRMシステム上で管理されるDMアドレスや会員カードなどの情報であり、マルチメディアデータとはWeb上の配信サイトなどに配給される音声・画像情報、ウェブサイトデータとはECサイトやブログなどに蓄積された購入履歴やブログエントリーなど、また、センサーデータはGPSやICカード、RFIDなどにおいて検知される位置情報、温度、加速度、地理情報など、また、オペレーションデータは販売管理などにおいて生成されるPOSデータ、取引明細データを、そして、ログデータとは、ウェブサーバーに生成されるアクセスログやエラーログであり、オフィスデータはオフィスのPCで生成されるオフィス文書やＥメールなどである。なんと種類の多いことか！

また、データ利用者を支援するサービスの提供者の観点からは、上記の「多量性」に加え、「多源性（複数のデータソースにも対応可能）」、「高速度（ストリーミング処理が低いレイテンシーで対応可能）」、「多種別（構造化データに加え、非構造化データにも対応可能）」（鈴木良介著『ビッグデータビジネスの時代』翔泳社、2011年、14頁）が求められるとしている。

また「ビッグデータの共通する特徴としては，多量性，多種性，リアルタイム性等が挙げられる。ICTの進展により、このような特徴を伴った形でデータが生成・収集・蓄積等されることが可能・容易になっており、異変の察知や近未来の予測等を通じ、利用者個々のニーズに即したサービスの提供，業務運営の効率化や新産業の創出等が可能となる点に、ビッグデータの活用の意義があるものと考えられる」（McKinsey Global Institute “Big data: The next frontier for innovation, competition, and productivity”）としている。

（１）ビッグデータにおける３Ｖ―多様性、高頻度、大量

ビッグデータの特徴は上記の多様性、高頻度、高解像に留まらない。例えば、３つのＶすなわち、Variety（多様性）、Velocity（高頻度）、Volume（大量）の頭文字Ｖをとった３Ｖがある*4。

Variety（多様性）は、各種センサーからのデータ等、非構造なものも含む多種多様なデータの存在を、またVelocity（高頻度）は、リアルタイムデータ等、取得・生成頻度の高いデータの存在であり、Volume（大量）は、テラバイトからゼタバイト、エクサバイトへという圧倒的なスケールの拡大と、これらを処理するために必要となる飛び抜けた超ハイパフォーマンスの提供という特性である。

（２）求められる多源性、高速度、多種別

「ビッグデータの共通する特徴としては、多量性、多種性、リアルタイム性等が挙げられる。いわゆるICTの進展により、このような特徴を伴った形でデータが生成・収集・蓄積等されることが可能・容易になってきており、異変の察知や近未来の予測等を通じ、利用者個々のニーズに即したサービスの提供、業務運営の効率化や新産業の創出等が可能となる点に、

ビッグデータの活用の意義があるものと考えられる」(McKinsey Global Institute "Big data: The next frontier for innovation, competition, and productivity") としている。

IBMもそのHPで、膨大に増え続け、高頻度に発生する多様なビッグデータを収集するだけでなく、それぞれの特性に合わせてリアルタイムに分析し、従来まで分からなかった「新しい発見」「洞察」「将来の予測」などをビジネスにつなげることの重要性を指摘している。

(3) 竹内啓のビックデータ観

竹内啓(東京大学名誉教授、統計学者)は、わが国を代表する統計学者であり、とりわけフィッシャー・ネイマン流の推測統計学の権威である。

竹内は、いわゆるビッグデータ現象の出現に対し、以下のような注意を喚起している。

> 「コンピュータの発達とともに発展した計算科学、情報科学は、統計学以外に数量的情報を処理する多くの方法を生み出したのである。
>
> ところが最近になって、ビッグデータが重視されるようになって、統計学がまたもてはやされるようになった。長年統計学の研究に関わってきた者としては喜ぶべきことかもしれないが、統計学をビッグデータを扱うための「道具箱」として、使い易い道具を適当に使えばよいと考えられるのはよくないと思う。
>
> ビッグデータに統計的方法を適用するに当っては、四つの段階を経なければならない。
>
> 1. データの吟味、2. モデルの選択、3. 手法の選択と適用、4. 結果の解釈と判断、である。
>
> データの量が膨大であっても、必ずしもそこに特定の目的のための多くの情報量が含まれるとは限らない。ビッグデータの全体を一つの標本と見なさなければならないこともある。
>
> ビッグデータと現実とのかかわり方は多様であることに注意しなければならない」(竹内啓「ビッグデータと統計学」『現代思想』2014年6月号 特集=ポスト・ビッグデータと統計学の時代)

竹内は、「二〇世紀の最終四半期になって、IT技術が発展し普及すると、規格化された大量消費の時代から、個性的な多種少量生産の時代となり、不良率を抑えることではなく、不良品を出さないことが目的とされるようになった。それとともに古典的な統計的推測の方法が必要とされる分野は少なくなった。二〇世紀の大量生産、大量消費、大衆社会のMASS論理の支配する時代に最もよく適合したフィッシャー・ネイマンの統計的推測理論は最早、その役割を終えた」（同前）とするのである。

また、ビッグデータは、確率論に基づく推測統計理論とは無関係であることを認識すべきであるとしている点にも注目すべきである。

それでは、私たちはどのように事実を把握していけばよいのであろうか？

（４）ビッグデータ時代の分類

まず、ビッグデータ時代の統計作業を行ってみることとする。統計活動の最初の一歩は調査（統計調査、業務データの収集）とその整理である。

整理は利用や解釈の基本となるもので決しておろそかにしてはならない。

表２には、ある百貨店のブラウス売り場の担当者（仕入れ担当者）が集計した数値が示されている。品番と色番がクロスされており、販売着数が示されている。数値が記載されていないのは仕入れがなかったことを意味し、０は仕入れはしたが、売れ残ったという事実を示している。

さて、ここで、読者に一つの作業をお願いする。

この表２の数値を見て、一筆書きのように線がクロスすることなく、表中の販売数をグルーピング化してほしいのである。

この売り場の責任者の分類結果は表３（42頁）の通りである。

読者のグルーピングはこの売り場の責任者と同じになったであろうか？

表2 ブラウスの販売数

品番＼色番	a	b	c	d	e
A	9	18	7	3	2
B	8	8	2		2
C	7	7	2	1	2
D		9	0	0	3
E		8	0	2	1

異なっていた場合、この図に納得されたであろうか？　また、何を読み取り、何を読みそこなったであろうか？

この売り場の責任者は、売れ筋の色ａ、ｂに注目するとともに、その販売数の大きな違いに基づき、Ａ社の18を独立させ、次に売れ筋の色ａ、ｂにかかわる、Ａ・Ｂ・Ｃ社の７、８、９着を一つのグループにしたのである。３

着以下も一つのグループにまとめた。

私たちは少なくとも以下の２つのことに疑問をもっていたであろうか？

一つは、流行りの色とはいえ、Ａ社は何故18着も販売できたのか？　もう一つは、流行とは言えないｃ色のブラウスが、Ａ社のみなぜ７着も販売できたのか？　という点である。

これらの疑問は統計数値のみ見ていたのではわからない。

例えば、私たちは、ａ，ｂ，ｃ，ｄ，ｅは異なる色であると信じているが、同じ色分けのａ，ｂ，ｃ，ｄ，ｅでもメーカーにかかわらず本当に同じ色と言えたのであろうか？

Ａ社の色合いは他社に比べ鮮やかであるかもしれないし、しかもデザイン性に優れているとしたならば、上記の販売数が生まれる原因について納得できるかもしれない。現場を知らずに統計数値のみを見ていては、数値の理解、ファクトファインディングはできないのである。

ビッグデータ時代の分類は、データの質的相違への感性を磨くことを要求しているのである。

表3 ブラウスの販売数のグループ化

品番＼色番	a	b	c	d	e
A	9	18	7	3	2
B	8	8	2		2
C	7	7	2	1	2
D		9	0	0	3
E		8	0	2	1

3．コミュニケーションとしての統計学

西内啓『統計学は最強の学問である』（ダイヤモンド社、2013年）が注目を集めてからしばらくが過ぎた。学生時代から統計学を学び続けてきた者としては、「最強の学問」などというタイトルは面映（おもは）ゆい気もするが、世の中でビッグデータという言葉が注目され、また、「仮説―検証」という科学のスタイルの意義が強調されている中では、不足していた統計的なものの考え方を補い、縁遠かった統計学を身近なものにしようとする動機が高まることは納得できるし、こうしたタイトルの本に「誘惑」される編者や読者がいても不思議ではない。

およそリーダーと呼ばれる人は、ある集団・組織の中で意思決定・判断を行う重要な枠割を担う人であり、その決定・判断の結果は、現状認識や

将来の環境の予測、それに基づく事業の方向性や組織態勢に係わる重要なものである。しかし、この意思決定・判断に必要なデータは、必ずしも数値化されていないものも含み、それゆえ、「情報」と呼称されるのである。

筆者は、1990年代から「コミュニケーションとしての統計学」というアプローチを意識し、強調しているが、それは、統計データの獲得（「調査論」）とその利用（「利用論」）全体にわたり、「主体―客体」―「調べる人と調べられる人」―という二元論ではなく、主体同士としてともに情報や統計データを作り、利用することが重要であることを強調することに目的があったからである。

仮に、統計的方法（分析・利用）が「最強」であるとすれば、それは、統計データのみならず、関連する非数値情報も含めた総合的判断・認識が、主体同士で創造されたことの有用性の「局所的表現」だからなのである。「統計」が単独で「最強」であることはあり得ない。

西内は、勘や経験ではなく、確固としたデータに基づいて物事を捉え、適切な統計的手法によってデータを観察・分析し、そこから導き出された結論や予測に従って、正しい意思決定を下すことを主張しているが、これは「統計の道具としての特性」を押えつつ、上記のような拡がりをもった総合的認識を薦めていると理解したい。

あるコンサルタントの言葉、「新しい需要創造というイノベーションを起こせるのは、データでもテクノロジーでもなく、人間の英知である」は、計測の対象をも「客体」ではなく、「主体」として認識し、情報・統計データをともに創出し、利用する「コミュニケーションとしての統計学」という控えめではあるが、重要な領域の存在を照射してくれているのである。

次に、改めてファクトファインディングについて考えてみることにする。

（１）ファクトのとらえ方

ファクト（fact）は事実である。

ビッグデータの時代とは言え、この本質は変わらないものである。

事実をつかむには、以下のような視点や問いかけが大切になる。

①ファクトのとらえ方；事実は、真実・真理と同じなのか？

②数字の意味と豊かさ；数字の見方は、その人の総合的力（表面だけではない背景までの推測力を含む、既述の３つの目も大いに関係する）。

③統計と生活；だます人以上に知らないと、だまされてしまう。
④事実を見極める；自殺か他殺か？
⑤分かってない事に事実がある；わかっていないことを７つ挙げなさい。
⑥統計とビジネス；事実のデータでも解釈で変わる（事実データと真実データ）。

（２）ビッグデータと統計・データの主役

ビッグデータの時代には、統計・データはたんに事物の状態を私たちに教えてくれるだけでなく、多国間あるいは一国内での個人や企業・業界さらには国や地方自治体間の関係、すなわちコミュニケーション関係を反映するとともにその関係を媒介するメディアとしての役割も果たすものとなる。

このことは、統計・データを考える場合に従来しばしばとられてきた、統計の調査者＝主体、被調査者＝客体という主客二次元的図式の見直しが必要となり、これら両者がともに主体となることを意味している。信頼できる統計・データは両主体がともに作り出すものとなるのである。

また、統計・データの収集や記録にとどまらず、その公表、分析、利用における市民や個人、企業諸組織、行政間のコミュニケーション関係が従来以上に重要となることを示している。

（３）ビッグデータ時代のビジネスにおける統計的分析の秘訣

R. R. Newton&K. E. Rudestamは、その著書『Your Statistical Consultant』（Sage社、1999年）で、統計的分析を成功させるための10の秘訣を紹介している。

それはすなわち、
①分析の前にデータに精通すること
②統計的手法を用いた分析の前に図表を用いてデータを完全に精査すること
③言葉よりも図表の方がデータの理解に役立つことがあることを忘れないこと
④反復実験（検証）が重要であること

⑤統計的有意性と現実の重要性について考えること
⑥統計的有意性と同じく重要な標本数の有効性の相違を忘れないこと
⑦統計はそれ自体では何も語らないこと
⑧できるだけシンプルな手法を用いること
⑨他者の目からチェックしてもらうこと
⑩分析に失望しすぎないこと

これら10の秘訣は、決して研究者のみに向け語られたものではなく、ビジネスマンや一般市民の統計的手法の利用に際しても、重要な指摘となっている。

例えば、「統計はそれ自体では何も語らないこと」は、統計利用者の理論的アプローチの重要性を指摘し、現象や因果関係についての理論（仮説）なしに現象を理解すること、すなわち「現象を認識する=わかること」にはならないことを語っている。

また、「できるだけシンプルな手法を用いること」は、「手法に溺れるな！」あるいは「手法に驚かされるな！」というメッセージになっている。読者は「スパゲッティ症候群」を思い起こして欲しい。複雑なものほど高度であるわけではないのである。

さらに「分析に失望しすぎないように」とは、一方において、統計的分析が問題を一挙に解決するものではなく、それへの過剰な期待を戒めるとともに、他方においては、たとえ統計的分析の結果が意図したものの一部に過ぎなかったり、あるいは意図とはまったく異なっていたりしても、それが新しいアイデア（理論仮説）や引き続く研究テーマを生み出す源泉になったりすることもあるので、「失望し過ぎてはいけない」ということを意味している。

基本に帰り、軸をぶらさない道具に精通した情報・統計の利用者になること、繰り返しになるが、読者がこのスタイルに少しでも近づいていくことを、そして、「統計学は面白い」と思って頂けることを期待して止まない。

鈴木敏文（元イトーヨーカ堂社長兼セブンイレブン・ジャパン会長）は学生時代に統計学、統計的ものの見方について強い関心をもった経営者として知られているが、その鈴木の統計に対する思い入れを語った『鈴木敏文の「統計心理学」』（勝見明著、プレジデント社、2002年）という本がある。そこには、データや情報を読み解くその「5つの極意・プラス・ワン」とされるものが示されている。

すなわち、

①売り手から買い手へ視点を変えると別のデータが見えてくる。

②統計データは鵜呑みにするな、その背景や中身を突きつめろ。

③同じデータ、情報でも、「分母」を変えると意味が逆転する。

④何故、モノが売れないのか、心理抜きには統計は読み切れない。

⑤仮説・検証で初めてデータが生きる、WHYとWHATの問題意識を常に持つ、そしてプラスワンは

「自分の都合のよいように数字のつじつま合わせをするな」

である。

POSシステムを駆使する企業の元トップが語るデータや情報に向かうその姿勢は、生き生きとしたデータ情報に接するとともに、それらに溺れず、それらの活用について明確な目的意識をもちつつ、仮説・検証という実践プロセスを重視するということであった。こうした姿勢は、ビジネスのトップのみならず、統計を使う一般市民、学生にも有用なものである。

(4)コミュニケーションとしての統計学

ビッグデータの時代には私たちの日常生活においても統計・データは意味を持ち、その重要性は増していく。

そこでは、以下のような統計・データ活動が求められることになる。

①日常の具体的な問題が解決できる統計・データの創出・発見(問題解決型)

②ものごとの根拠を示せる統計・データの創出・発見(根拠性)

③現実の社会・文化と結びついた統計・データの創出・発見(社会的実践性)

④関連する世界が広がる統計・データの創出・発見(展望拡大性)

である。

これらは、言い換えると、「人間から離れた統計」から「人間に向いた統計」の作成・利用、そのためのシステムづくりが求められることになる。

4．「分かり切ったことが、なかなかできないのである」

統計を分析するということは日本画家小泉淳作（1924-2012）の以下の話に通ずるところがある。

小泉淳作は50歳を過ぎてから花開いた名画家であり、とりわけ建仁寺の双龍図や東大寺本坊襖絵「しだれ桜」が有名である。

「『見る』と『観る』とは違うという。一輪の花を見つめる時、その創造性に驚き、神秘さに、ひれ伏す思いでなければならない……そのにおいに酔い、造形の不思議さを思いつつ、…作者は手を動かして行かねばならない。そして、目を細め、強く再現を願う心を、それを『観る』というべきであろうか……その分かり切ったことが、なかなかできないのである。」（小泉淳作『アトリエからの眺め』築地書館、1988年、119頁）

ここから私達はビッグデータ時代の統計・データ分析は、機械（ハードとソフト）装置の発展とともに人間と機械のコミュニケーション、そこにおける分析主体の観る目の豊かさの大切さを知ることになる。

第2章

「幸せ」と「達成感」

藤江 昌嗣

1．「人生に二度読む本」

人生を考えることは、考える時期により、その向かい合う対象が異なってくる。考える時期とは、生き方について悩む青年期、我武者羅(がむしゃら)に生きていた20代から30代、その後の壮年期、そして、老いを意識し始める60代などなどの時期の違いである。

かつて、平岩外四（1914-2007）と城山三郎（1927-2007）は、「人生は一度であるけれど、人生で二度読みたい本がある」という問題意識から、『人生に二度読む本』（講談社、2005年）を著した。そこでは、夏目漱石の『こころ』、アーネスト・ヘミングウェイの『老人と海』、太宰治の『人間失格』、フランツ・カフカの『変身』、中島敦の『山月記・李陵』、ヘルマン・ヘッセの『車輪の下』、大岡昇平の『野火』、ジェイムズ・ジョイスの『ダブリン市民』、ヴァージニア・ウルフの『ダロウウェイ夫人』、リチャード・バックの『かもめのジョナサン』、吉村昭の『間宮林蔵』、シャーウッド・アンダソンの『ワインズバーグ・オハイオ』の12冊の本が紹介されている。

この書は、卒寿を超えた91歳の平岩外史と傘寿を目前に控えた78歳の城山三郎がまさに人生を振り返るときに、各年代において自らに影響を与えた本を選んだのであるが、時代背景としては、リーダーシップが厳しく問われていたこと、その反映として、自分で努力することも求められており、少しでもチャレンジすべきこと（同書、179頁）が指摘されている。また、個人と組織の関係についても私たちが考える際のヒントが示されている。

言い換えれば、それは、人生の創作態度についての考察であり、人生の創作をほぼ終えようとしている両巨匠の目からすれば、「作る」のではなく「述べる」こと（同書、94頁）であり、生きる意味を問い続ける（同書、96頁）作業であった。

以下では、「人生を織る」という視点で、機会 chance やしんがりの思想などのキーワードにも触れながら、「幸せ」と「達成感」の関係、生きざまや存在感について述べ、最後に成功者とは何かを考えてみる。

2．人生を織る

「人生」についてはさまざまな比喩があるが、縦糸と横糸を用いた「人生を織る」がしばしば使われる。

ここに、「織る」とは、機にたて糸をまっすぐ張る、ひいて、織物を「おる」意を表す（『新字源（改訂版）』角川書店、1994年、791頁）。ちなみに、「識る」は、言偏と、「しるし」の意と音とを示す戠（しょく）からなり、「意味をよく知る、記憶する」意を表す。

したがって、縦糸は、人生における時間軸を示す経時的な糸であり、現実には、齢の変化とともに、その物心両面の変化を含むものではあるが、その語源からすれば、「まっすぐに張られ続けるもの」である。もっとも、縦糸のみで織るという意味もあり、そうであれば、横糸の出番はなくなることになる。

そこで横糸であるが、横糸は時間を止めた静止的な状況でのものであり、人間やその属する組織内やその外部とのコミュニケーションのありようを示すものと解される。大凡、まっすぐ張られた縦糸に横糸を織ることは、人それぞれの多様な模様—人間模様—を造り出すのである。

しかし、絹織物作業の実際では、それを作り上げるためには前工程とも呼ぶべき、養蚕から製糸の段階があり、その製糸の作業自体にも、繭を温めたり、手繰（たぐ）ったり、選（よ）ったりがあり、さらには撚糸（ねんし）や染色等の諸工程がある。それゆえ、縦糸と横糸を用いた製織作業に限っても、経時的な変化や共時的状況という２つに区分することには無理があるのかもしれない。

「人生を織る」という表現は、この製糸を経て、撚糸や染色の作業を省略し、これらの工程を経てから、ようやく始まる「織る」という作業に準（たと）えるわけであるが、実は、これらの工程すべてに道具または人間の手がかかわる。また、その後の織機工程でも織機という機械—道具—を使うのである。

私たちの人生において、この人間の手に当たるものは何であろうか？

実は、「機械（道具）」を今、「機会」と置き換えてみると、生きることについて、また、生きる姿勢について考える糸口となる。

私たちは、人生—生きていく時間の中で—において、さまざまな機会を与えられたり、自ら創り出すことによって、その目標を達成するために様々なことに取り組むのである。この他者からの機会の付与や自らの機会の創出は、「機会の手繰り寄せ」と呼ぶことも可能で、とても積極的、創造的な行為なのである。

そして、それは、機械を操作・ハンドリングすることに似ており、その意味では、人生とは「機会をハンドリングすること」とも言えるのである。すなわち、縦糸は時の流れであり、横糸は時の流れの中でさまざまな出来事、すなわち機会の手繰り寄せの作業とそこから何かを編み出す作業である。

もちろん、機会には、場や空間が必要であり、じっと座しているだけでは、機会は得られない。

それでは、人生を織る中で、私たちは何を目指しているのであろうか？

目指すもの、それを、ある人は「幸せ」であると言い、また、ある人は「達成感」であると言う。他にもあるであろう。例えば、自分の織り上げたものを見た人が感じてくれるものである。その他も含め、これらは自分への「仕事の報酬」と言えよう。

そこで、節を改め、「幸せ」と「達成感」、この両者の関係について考えてみることにしよう。

3.「幸せ」と「達成感」の仮説

1．幸せは感じるもの　Feel Happiness

私たちの人生における目標が、幸せの実現であるとすれば、そのために機会のハンドリングを成功させることが必要となり、ハンドリングを成功させたときの満足感を「達成感」と呼ぶことができる。それは人生という時間の流れを示す縦糸の中で、見出した目の前の機会を横糸で編むことで味わえるものなのである。

この機会を見出し、その機会をハンドリングし、ものにすることが達成感につながるのである。

これまでのあなたの人生を振り返ってみたとき、機会を創り出せなかった場合や機会があったのにうまくハンドリングできず、ことを成し遂げられなかった場合、そして、機会をものにし、達成感を味わったことが、それぞれ思い起こされるのではないだろうか？

それぞれについて、３つずつ挙げてみることは可能かもしれません。下線上に書いてみて下さい。よく、成功には偶然の要素があるが、失敗には原因があると言われます。それぞれのケースで、成功に導いた必然的な要素、偶然の要素、そして、失敗の原因についても思い起こし、メモを追記して下さい。

〈機会が創れなかったケース〉

1．__________

2．__________

3．__________

〈機会を活かせなかったケース〉

1．__________

2．__________

3．__________

〈機会を活かし、達成感を味わったケース〉

1．

2．

3．

2．達成感は味わうもの　Sense of Accomplishment

達成感とは、あることを成し遂げたことによって得られる満足感である。また、幸せは感じるもの　Feel　Happiness である。

それでは、「幸せ」と「達成感」の関係はどのようなものであろうか。

図１「幸せ」と「達成感」の関係　その１

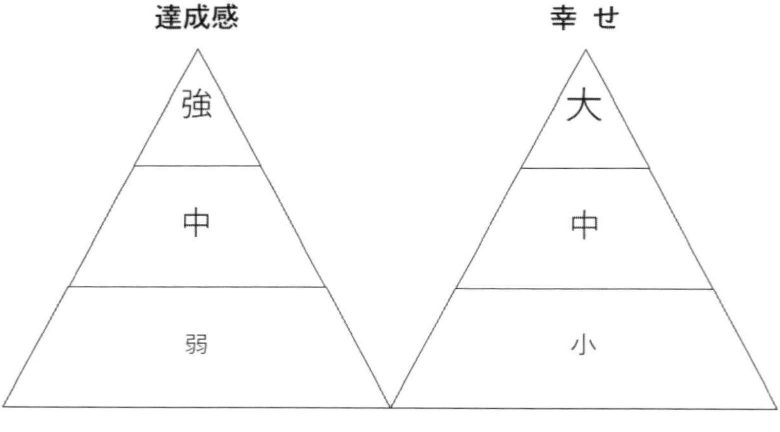

いま、達成感の強弱と幸せの実感の大小の関係をピラミッド形式で表してみたのが、図１である。達成感、幸せ、何れも、ピラミッド形に書かれているが、この図の場合、強い達成感、大きな幸せを感じる人は少なく、ピラミッドの頂点側に記されている。逆に、弱い達成感、小さな幸せを感じる人は多く、ピラミッドの底辺側に表現されている。

もし、これらの達成感と幸せの間に因果関係あるいは関連があるとすれば、３×３の行列で表現できる。

表１「幸せ」と「達成感」の関係（行列図）

		幸せ		
		大	中	小
達成感	強	少人数	少人数	少人数
	中	中人数	中人数	中人数
	弱	大人数	大人数	大人数

ここからわかることは、達成感が強いのに幸せを大きく感じる人は少なく、また、達成感が弱いのに幸せを大きく感じる人が多いということである。つまり、幸せは、達成感の強弱に比例して生まれるのでもないケースもあるということである。

例えば、図２のようなケースも考えられるのである。

図２「幸せ」と「達成感」の関係　その２

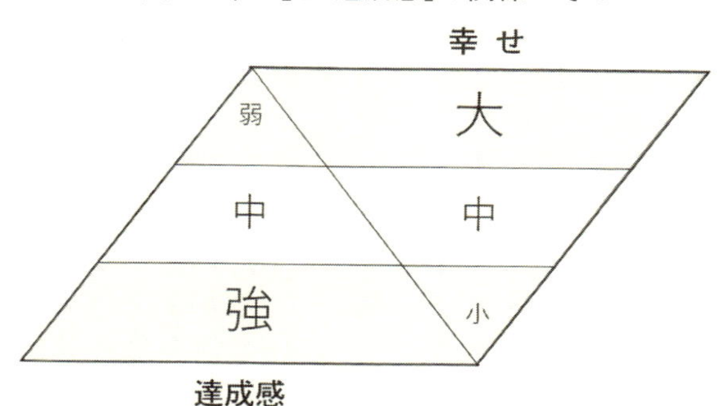

最下辺は、達成感が強くても幸せは小さくしか感じないケースである。これは、幸せが達成感以外の地域とのつながりや組織内のコミュニケーションのあり方が関係しているケースである。

また、別の図を示そう。図３の右端の平行四辺形の中にある、幸せを感じさせる達成感以外の第三の要素があれば、幸せを大きく感じることができるのである。

図3「幸せ」と「達成感」の関係　その3

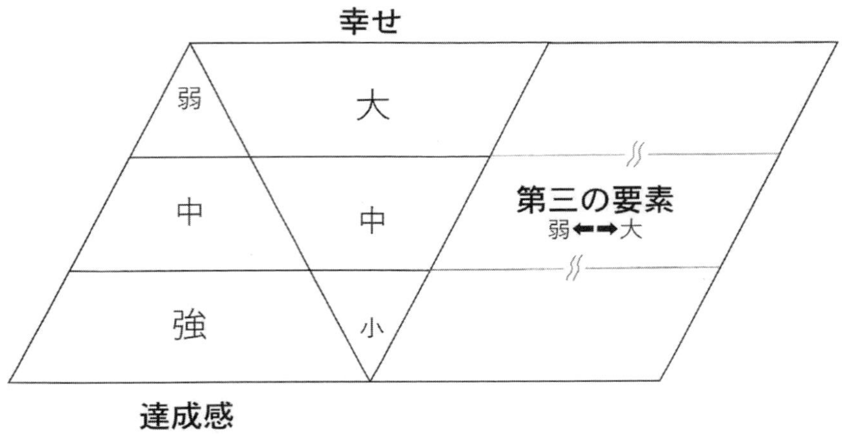

４．自分の存在価値

1．存在と存在意義・存在価値

存在については、存在意義や存在価値という言葉がある。これは他者が「私」（あるいは、ある物）の存在について機能的な意義を感じ、それゆえ、その存在の不可欠さを感じていることを指している言葉である。実際、言葉の定義を辞典で見ると、例えば、『広辞苑』第六版（岩波書店）では、①独特の持ち味によって、その人が紛れもなくそこにいると思わせる感じ、②自分が確かにそこに確かに存在しているという実感、とある。

ところで、デジタル媒体ではない、紙媒体を追求している『広辞苑』は膨大な情報量を集め続けるネットとは異なる世界観を目指している。『広辞苑』（第七版）を編集した一人である平木靖成は、その編集途上で以下のような発言をしている。

「基本的には情報量の制限がなく、必要に応じていくらでも説明にかかる文字数を増やしていくことができるネットスマホ一つあれば、いつでもどこでも膨大な情報にアクセスできるが、膨大な情報量を理解しきることは難しい。」（平木靖成「『正しい日本語』なんて存在しない。デジタル全盛時代を戦う『広辞苑』の意外な戦略」『リクナビ NEXT ジャーナル』2015年6月2日）

情報の収集はその理解とは異なる。むしろ、「短い文章に要約されているからこそ素早く意味を理解できる」のであり、平木の語るように、短い文章への要約が項目づくりであれば、辞書における一つひとつの項目が無数の縦糸で、項目同士の意味合いをつなげるのが横糸であり、辞書づくりそのものが「縦糸と横糸を織る作業」なのである（同前）。

2．存在感

これに対し、存在感は機能的な役割や不可欠さを意味するだけでなく、あるいはこれらがなくとも、その存在そのものが、眼前に居ても居なくても、いるあるいはあると感じられる人についての言葉のように思われる。
また、それは決してマズロー的な欲求の五段階説の最上位につけば感じられるものでもなかろう。マズローは、欲求を、生理的欲求、安全欲求、社会的欲求、承認の欲求、自己実現欲求という５つの段階に分けた。
マズローは、生理的欲求―食欲や睡眠欲といった、生き残るのに必須な欲求を、それが全ての欲求の根底にあることから、最も基本的かつ本能的な欲求とした。「安全欲求」は、身の安全に対する欲求で、安定した職業・健康・治安・環境保全などを含む安心・安全要求となる。また、「社会的欲求」は、組織やコミュニティへの帰属やそこからの愛情などの欲求である。「承認欲求」は、自己肯定や個人的価値などに関する社会的認知、すなわち他者から承認される欲求である。「自己実現欲求」は、欲求段階説の一番上の層に当たり、自分の持つ能力や可能性を最大限発揮し、目的を実現したいという欲求である。
しかし、存在感は承認の欲求や自己実現欲求と同じものとは思われない。
また、存在感は、企業や役所等の組織で、いわゆる、トップに上り詰めた人のみが感じてもらえるものでもない。トップというピラミッドの頂点にいる一人の人間にのみ存在感があるのではない。実際、希少性は多様な状況やレベルで確認されるもので、組織構造上の数的希少性のみではない。組織内の多様な階層において、あるいは組織から離れた場合にも、希少性は独自性と相まって存在するのである。したがって、この多層性に対応して、存在感も多層性をもつことになる。そこで、これを「存在感の多層性」と呼んでおくことにする。
大切なことは、ピラミッド形の組織の頂点に立つのが一人であれば、それは希少性を持つものの、存在感を感じさせるとは限らないということである。存在感とは、人物、人間としての独自性という希少性をもつことなのである。
「存在感の多層性」という枠組みにおいては、ピラミッド構造における組織の位置・ポジションではなく、その多層の各層において存在感のある人間を見出しうるということである。
ものづくりでいえば、最終の組立だけでなく、各工程で匠が存在しうるということである。
「われを知る人は君のみ」とは限らない。

5．何のために

1．達成感と幸せ―再考

ここで再び、幸せの問題に帰ることにしましょう。達成感はいわば自己領域で味わう感覚であり、自分という領域内での感覚―機会のハンドリングの結果としての満足感―の問題であるのに対し、幸せは領域的な多様性をもつ－自分・自己内の領域を超えた領域、例えば、家族や地域社会との関わり等の中での機会のハンドリングの問題である。

その場合、幸せと達成感の関係は図４のようなものかもしれない。

図4「幸せ」と「達成感」の関係　再考図

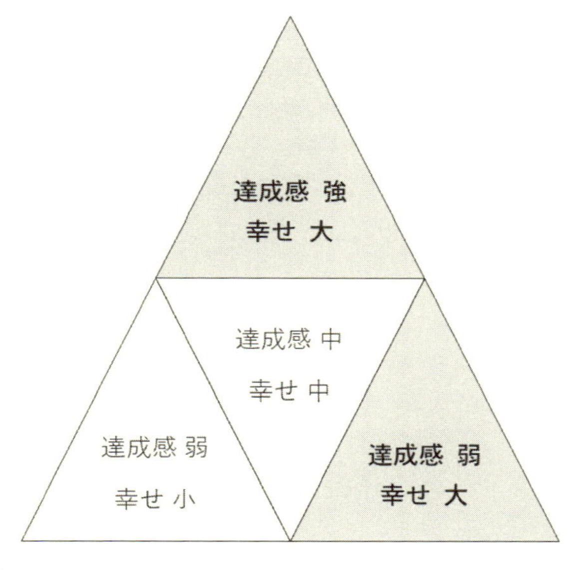

達成感は味わうもので、強・中・弱の３通りに分けられるものであるとすると、それぞれに対応して大・中・小の幸せを感じる可能性がある。達成感が強く幸せが大きいケースはピラミッドの頂点に示されている。その中で、ビジネスの世界での達成感が弱い場合でも、幸せを小さく感じるケ

ースと大きく感じるケースの２つがあり、ピラミッドの下の左右部分に示している。それは、家族や地域社会における存在感や充実感などにより感じられる幸せがあることに基づく分類である。

ビジネスの世界を中心に私たちは達成感を大きな要素として、幸せを感じるピラミッドの左側（側辺）に多くの注目を集めてしまいがちであるが、実は、ビジネスの世界での弱い達成感でも大きな幸せを感じる生き方を目指している人の存在も忘れてはならないであろう。

因みに、古典的な幸福、例えば、五福とは、「書経」洪範によれば、人としての五つの幸福である。寿命の長いこと、財力の豊かなこと、無病息災であること、徳を好むこと、天命を全うすること、すなわち、長寿・富裕・健康と徳を好むこと、天命を全うすることの五つである。

あなたの五福（五つの幸せ）は何でしょうか？

１．＿＿＿＿＿＿＿＿＿＿＿＿＿＿＿＿

２．＿＿＿＿＿＿＿＿＿＿＿＿＿＿＿＿

３．＿＿＿＿＿＿＿＿＿＿＿＿＿＿＿＿

４．＿＿＿＿＿＿＿＿＿＿＿＿＿＿＿＿

５．＿＿＿＿＿＿＿＿＿＿＿＿＿＿＿＿

６．成功とは？ 成功者とは？

1．成功とは旅路である

成功とは、事業を成し遂げること、あるいは成し遂げられた成果・業績を意味する。秋の穫り入れにも成功の意味がある。

また、「功」は力とつくる意の工からなり、はたらき、ひいて「いさお」の意を表す。はたらき、わざ、しごと、できあがり、てがら、たくみ、よい、かたい、ほこる、ききめ、しるしなどの意味がある。

成功とは、上記のように、事業を成し遂げること、あるいは成し遂げられた成果・業績、秋の収穫などを意味するので、それを担った人を「成功者」とすることも可能であろう。事業を成し遂げ、達成感を味わえた人、成果・業績をあげた人が成功者と呼ばれることもしばしばである。実際、その時点で幸せを大きく感じることも少なくないであろう。

しかし、やがてそれは、熱のように冷めていくものかもしれない。成功者は固定した内容の性質・もの（「定常」としておく）を有しているようには思われない。成功の内容が技術やビジネス環境の変化の中で、色あせていく可能性があり、再び新たな目標に向かい、挑戦していくからである。

もし、成功がこのような「非定常的な『定常』」だとすれば、成功者とは「ある状態」を指すものと考えることは可能であろうか？

2．Success と Succeed と Succession

ところで、英語では、成功は Success である。

また、そもそも Success の動詞形である Succeed は、〈継承（相続）の〉、〈代々の（中世ラテン語の *successivus*)〉、〈続いてくる〉という意味からきているので、王位の継承、努力の結果として生み出される地位や財産という意味も出てくる。

結果として、Success には、〈成功、達成〉、〈立身、出世〉、〈大当たり、上首尾〉、〈成功者、成功したもの〉、〈結果、出来〉などの意味があり、これらは、人物としての〈成功者、成功したもの〉、〈立身、出世〉した人をさすものと、ある行為における〈結果、出来〉、〈成功、達成〉、〈大当たり、上首尾〉などの結果を意味するものに二分できる。

もし、成功が固定された、「定常」なものではなく、上記のような「非定常的な定常」だとすれば、成功者とは「非定常的な『定常』」の実現を目指す「ある状態」にある人を指すことになり、それは、努力している状態自体が「成功」であるという考えに繋がっていくのである。

黒人テニス選手の先駆者であるArthur Asheアーサー・アッシュの次の言葉はこの考えを明確に伝えている。

“成功は過程であり目標ではない。行動は結果より重要である”

3．成功者とは？

成功が目的（目標）ではなく、その行程（過程）であり、終着駅ではなく、旅路であるとすれば、成功者とはどのような人なのであろうか？

さて、いま一度〈地位・財産などを継ぐ、相続（継承）する、後任（後継者）となる〉、〈続く、続いて起こる（flow）〉、〈（財産などが）人に渡る、相続される〉などの意味をもつ名詞形はSuccessionであり、その他、〈続く（続いて起こること）、連続、継続、継起〉や〈連続する人、（もの、こと）〉、〈一連の人、（もの、こと）〉、〈継承、相続、後継者（後任）になること、継承者たち〉、〈遷移、群落が極相に向かって変化、交代していくこと〉などの意味がある。

成功とは、連結車両を増やしながら、走り続ける列車のようなものである。何故なら、成功とは目的（目標）ではなく、その行程（過程）であり、成功は終着駅ではなく、旅路そのものであるからだ。

この文脈で考えると、「成功と思ったら終わり」という言葉が意味を持つのである。事実誤認ではなく、確実に「成功」は「成功」として存在しても、そこはまさに終着点ではないのである。

実は、成功者とは、この旅路の中で、人を育て、組織・事業の継承に取り組み続ける人なのである。

7．成功と思ったら終わり

1．断機の戒め-覚悟と生きざま

皆さんは、「断機の戒め（教え）」という言葉を聞いたことがあるでしょうか？

京都市に川島織物セルコンという会社があります。川島織物セルコンは、江戸後期（1843(天保14)年）に初代川島甚兵衞が創業した呉服悉皆業に始まります。

呉服とは、呉国の法によって織り出した布帛（フハク）のこと（新村出『広辞苑』第三版、岩波書店）。また、悉皆屋とは、「江戸時代、大阪で衣服・布帛の染色・染返しなどを請け負い、これを京都に送って、調整させることを業としたもの、転じて、染物や洗張りをする店」（新村出『広辞苑』第四版）を指す。ちなみに呉服悉皆業とは、呉服では「シミ抜き」「洗い張り」はもちろん、「染め替え」から「刺繍直し」「仕立直し」など着物に関する加工作業のすべてを行うこと業を指す。また、悉皆職人とは、着物のお直し・加工に関する様々な仕事ができる職人のこと（美濃市、呉服の鈴屋HP参照）であるが、近年では、丸洗いやしみ抜きや古い着物の更生の意味で使われることも多くなっている。

現在、川島織物セルコンは、カーテンを主としたインテリア・ファブリックスを中心に、カーペットや床材、壁装材などのインテリア製品と帯、緞帳、祭礼幕などの呉服・美術工芸品の製造・販売を行っています。

歌舞伎座の緞帳はじめ、音楽ホールや皆さんの地元の文化施設のホールには緞帳があり、それは、この川島織物セルコン製の緞帳かもしれません。

また、2018年の夏の甲子園（全国高校野球選手権大会）は100回目を迎えましたが、新造の優勝旗はこの川島織物セルコンが製作しました。また、2019年10月22日の新天皇の即位式である「即位礼正殿の儀」でも同社が製作した壁幕が使われました。

じつは、この会社には、「断機の戒め」というモノづくりの姿勢を示す、大切な言葉・教えがあります。以下に引用してみましょう。

「川島織物セルコンには、代々語り継がれている一つのエピソードがあります。
当社には、製作途中で経糸(たて)が切断された綴織壁掛があります。
これは、1916（大正5）年に宮内省（現宮内庁）より依頼され、下絵の作成や試し織りに5年を費やし、1921年に正式発注を受け織り始めた明治宮殿用の壁掛です。
制作を始めた大正末期は第一次世界大戦後の混乱期で、当時最高水準といわれたドイツ製染料の入手が難しく、多額の資金をつぎ込んで入手した染料を使用したものの、1/3ほど織り進んだところで、若干の退色の兆しが認められました。織に問題は無く、関係者のほとんどがそのまま織り進める事を望んでいましたが、三代甚兵衛の没後、事業主となっていた三代夫人の絹子は、夜中に一人で経糸を切断しました。

少しでも不安のあるモノは絶対にお客様へお届けしてはならない、という考えを貫いた絹子の行動は、まさに当社の妥協を許さないモノづくりの基本姿勢を表しています。当社はこれからも、この思想を受け継いでいきます。」（『インテリアビジネスニュース』2009年4月7日）

ここには、確かに妥協を許さないモノづくりの姿勢がにじみ出ている。絹子は宮内庁に納期を言わなかった事情を説明に出向いたが、その正直さが信頼を増し、再び、その注文を受け、これを完成させ、納品したのである。絹子はその後、程なく亡くなってしまったが、絹子の胸に去来していたのは、「達成感」、「幸せ感」であったろうか？　むしろ、「信頼」の回復とモノづくりを継承していく基本姿勢を守ることによる家業の継承への責任感ではなかったか？　これこそ、「成功者」と言えるのではないだろうか。

絹子の生きざまと覚悟こそ、「成功者」の必要条件を示してくれるのである。覚悟とは、眠りから覚めていること、予め心構えすること、心の用意をすること。また、悟りとは、迷いを去り、真理を体得し、さとりの知恵を得ることである。

繰り返しとなるが、成功とは、連結車両を増やしながら、走り続ける列車のようなものである。何故なら、成功とは目的（目標）ではなく、その行程（過程）であり、成功は終着駅ではなく、旅路であるからだ。

「成功と思ったら終わり」なのである。

8. 成功者としんがりの思想

1. しんがりの思想

成功者はビジネスの場合、多くは組織メンバーの先頭に立って活動していく人であろう。その反対に組織メンバーの最後尾について活動していく人もある。実は、それもリーダーかもしれない。

しんがり（殿）とは、軍隊を引き揚げる際、最後尾にあって、迫って来る敵を防ぐこと、また、その部隊である「あとぞなえ（殿備え）」、しっぱらい（尻払い、後払い）ともいう。殿は敵の追撃を阻止し、本隊の後退を掩護する目的のため、限られた戦力で敵の追撃を食い止めなければならない最も危険な任務である（新村出『広辞苑』第四版、岩波書店）。

このしんがりという言葉に、リーダーシップ論を重ね、現在必要とされるリーダーシップについて論じているのが、鷲田清一『しんがりの思想—反リーダーシップ論』（角川書店、2015年）である。

鷲田は「フォローアップの時代」（147～149頁）という項で以下のように語る。

地域社会や市民社会と呼ばれる集団は、「ふだんはリーダーに推された人の足を引っ張ることなく、よほどのことがないかぎり従順に行動するが、場合によっては直ぐに主役の交代もできる、そういう可塑性（しなり）のある集団」であるべきこと。

また、可塑性（しなり）のある集団は、「リーダーに、システムに全部をあずけず、しかし全部をじぶんが丸ごと引き受けるのでもなく、いつも全体の気遣いをできるところで責任を担う、そんな伸縮的なかかわり方—「上位下達」「指示待ち」の対極である—で維持されてゆく集団」である。

言い換えれば、そこではリーダーシップ以上に、よきフォロワーシップが必要になる、すなわち、「地域社会、市民社会では、利益集団においてリーダーが備えておくべき全体を気遣うという態度を、フォロワーの方が備えていなければならない」のであり、「前面に出たり背後に退いたりしながら、しかし、いつも全体に目配りできている、賢いフォロワーの存在が大きな意味をもつ」のである。

鷲田は、市民性（シティズンシップ）の成熟の前提になるフォロワーシップについて、下記のように語っている。内容は、公共的なことがらに限定してはいるが、ビジネスの世界でも、地域社会でも、市民社会でも共通のものと考えてもよいと思われる。

「公共的なことがらに関して、観客になるのではなくみずから問題解決のためのネットワークを編んでゆく能力、それが、リーダーに見落としがないかケアしつつ付き従ってゆくという意味でのフォロワーシップ」（148頁）である。

良いリーダーの条件とは、リーダーシップとフォロワーシップを兼ね備えていること、そして次に述べるように、良きフォロワーを育てることである。

2．成功者再考

しんがりの思想には、一人の人間としての生き方が示されているとともに、組織の中でのリーダーのあり方についての考えも明示されている。

筆者は、しんがりの思想がビジネスでも有意義で必要と考える。

Success には、地位・財産などを継ぐ、相続（継承）するという意味があるが、継承する財産は先ず獲得しなければならない。つまり儲けなければならない。利益をあげなければならないということになる。

ところで、この「儲」という漢字は、「イ」（人偏）と、備えおくこと、多いあるいは沢山あることを意味する「諸」から成り立っている。したがって、語源からすると、もし前者の意味であれば、人を備えることは相続する人（天子はもとより、組織の後継者）を備えることを意味し、また、後者の意味であれば、沢山の人間がいることが儲けとなるのである。まさに「人財」である。

成功とは、リーダーシップとフォロワーシップを兼ね備えている人財、後継者を育てることである。

成功者とは、この人財という連結車両を増やしながら、走り続ける機関車のようなものである。

第3章

自分の人生設計を考える

岡崎 宏行

１．自分の人生を考える

1．自分の人生設計を３つの立場で考えてみる

（１）自分の人生設計を３つの立場で考えてみる

必ずしも、この３つに分類する必要があるわけではないが、少なくともこの３つに分類することには意味があると思っている。

１つ目が「自分の人生そのものの生き方」である。これは、多くの人が設計しておきたいと思われるのではないだろうか。環境変化も含めて、いろいろ変化するであろうが、本来、どのような生き方をしたいのか、どんな人生を送れると最高かということを考えることに他ならない。ここに迷いが生じることは少なからずあると思う。そんな時、無から創るのではなく、一度作成してみたモノから修正することで、腹に落ちた、その場しのぎでない「人生設計」が出来るのではないかと考えている。もともとの羅針盤を使って、意識して変えてみる、意図した方向転換を行うことも意義のあることではないだろうか。

２つ目は、「ビジネス人生」である。多くの人が、人生の中でビジネスにかかわって生きている。その時間もばかにならない。その多くの時間を費やしているビジネスの世界でも、自分の生きざまを反映したい。そんな角度で整理してみたいと考えている。その根幹は、個人、組織、社会との「Win－Win－Win」の形成であると思っている。そこで、自組織を有効な存在価値に導くには、「強み」「弱み」の分析はもとより、「独自性」や「こだわり」についてもシッカリと腹に落としたいと思っている。そんな中で、「他社では出来ない」「他社より優位に行える」「他社がやらない」領域が明確になり、存在感のある、また、皆に貢献できるビジネスの設計が出来ると考えている。

３つ目は、「趣味人生」である。仕事が趣味という人もいらっしゃらなくもないとは思うが、仕事とは別の世界で趣味を持つことは、人生そのものにはもちろんのこと、ビジネス人生に対しても多くの貢献があるように思っている。ここにもこだわりを持ちたいと思うのであれば、同様のステ

ップを踏んでみてほしい。私の場合、改めて整理してみようと考えている。

もちろん、他にも「子供との人生設計」など、具体的にテーマを絞って設計してみることも意義があると思っている。

種々の挑戦をしてみてほしい。自分の想いを形にして、確実に実現するためにである。

（２）３つの環境で考える意義

先ほどとは異なる表現となるが、３つの環境は意識しておきたい、人生において「仕事」「家庭」「趣味」は、占める時間こそ均等ではないが、同じくらいのウェイトで考えたいと個人的には強く思っている。

それぞれは、情報も価値観も異なっていても構わない。いや、異なっている方が、面白い、思ってもいないような変化に導ける気がしている。

発想を膨らませる時に、経験や価値観が大きな影響を及ぼすことはよく言われるが、この環境の違いが良い影響を与えてくれる気がしている。

ファーストクラスに乗ったことがない人に、それにまつわる発想をするには無理がある。ハワイに行ったことがない人に、そこでのプランを具体化するのは難しいかもしれない。もちろん、その経験にとらわれることは、決して良いとは限らないが、その立場による違いの発想が、相乗効果をもたらす気がしているのである。

趣味の世界の多くは、右脳による判断と右脳によるバリューの設定のように思う。その価値観が、ビジネス上での先入観を外してくれる気がしている。家庭の立場で考えると、意外とバリューのあるシーンを具体化出来たり、過剰サービスや余計なお世話にも気づく点が多い気もしている。

そのためには、あえて異なった人達との交流も意識してみたい。そして、多様な価値観で、発想を大きく膨らませてみることが、相互に良い影響を与える気がしている。

そんな意味でも、３つの異なった世界と価値観が、相乗効果を生み出すのではないかと考えている。

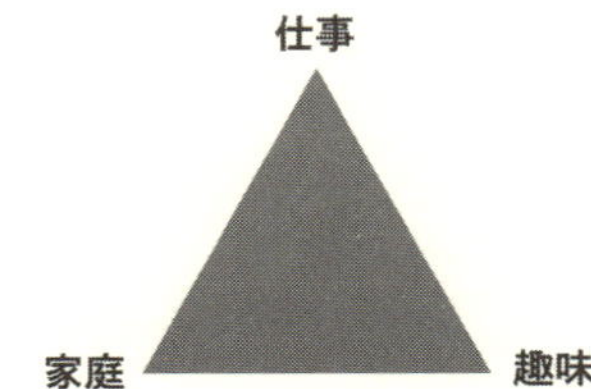

2．人生設計のビジョンとシナリオ

1．自分の想いを見える化する

（1）右脳と左脳の意志決定を選択

まず、自分の人生を考える上で、右脳の意志決定をするか、左脳の意志決定をしたいか考えてほしい（右脳と左脳は同時に働かない）。

左脳の意志決定：　正しい　⇔　正しくない
右脳の意志決定：　やりたい　⇔　やりたくない

どちらが、良いというわけではない。

左脳の意志決定のベースは、「正しいか、正しくないか」になる。ここでは、論理的に考えて、裏付けを持って納得して決めることになる。

一方、右脳の意志決定は、「やりたいか、やりたくないか」になる。本能で判断するイメージだ。情熱をもってやりたいと思うか、憧れのイメージをもって実現したいと思うかである。

車を購入しようと思っている場合を例にあげて、補足説明をしておく。

①移動する手段として、親を緊急時に病院に連れて行くために車を購入するとしよう。その場合、確実に移動できるのであれば、安い方が良いと判断する。とすると、中古車で50万円も出せば目的を達成する車を購入することが出来る。このような意志決定は、論理で納得して決める意志決定と言える。左脳による意志決定である。

②ところが、車好きの人は、そうはいかない。理屈ではなく欲しい車があれば、どうしても、その車を新車で購入したいと思ってしまう。その結果500万円支払ってでも、その車を購入してしまう。何と10倍の予算になってしまうのである。これが、情熱、想いによる意志決定で、右脳による意志決定である。思い入れのあるテーマでは、こんなことも多いのではないだろうか

③また、一度は手にしたかった車、憧れの車、予算が許せば、5000万円でも購入してしまう。そんな車も見受けることがあるが、この意志決定は、憧れ、イメージによる意志決定といえる。これまた、右脳による意志決定である。

どうだろう。一桁ずつ金額が変わってくるのである。

このことは、腕時計についても言える。１万円でも十分に正確な時を知らせてくれる。ただ、10万円以上する腕時計を身に着けている人も少なくない。はたまた、100万円以上の腕時計も目にすることがある。

食事についても、同じようなことが言える。500円、5000円、５万円と当然メニューは異なっているが、食事という同じカテゴリーの中で、これ程の差を生じているのである。いずれにしても、喜んで（Win－Winで）、各々を選択する人がいるのもまた、事実である。

良い悪いではない。そんな意志決定構造であることを意識して設定してみたい。

ただ、右脳と左脳は同時には働かない。このことは大事である。スキップが出来る人は多いが、スキップをしている時（右脳で）に、いろいろアドバイス（左脳で）されると、スキップすら出来なくなってしまう。この現象は、それ故である。左脳で納得してから、右脳でやってみる。時間差が必要なのである。

皆、どちらの意志決定も行っていると思うが、今回のテーマはどちらなのか？　少し考えてみてほしい。

理屈抜きでやりたい場合は、右脳の意志決定である。いや、納得して判断したい場合は、左脳の意志決定である。どちらが良いかではない。

今回のテーマは、どちらで決めたいか、１つを選択してほしい。

結論が出たら、以下の３つからどの意志決定をするのか選択してみよう（蛇足であるが、結婚の意志決定は、左脳ではないはず）。

どの意志決定をするのか、□にレ点チェックをつけてみよう。

□左脳の意志決定：論理で納得して決めたい
□右脳の意志決定：情熱で決めたい
□右脳の意志決定：イメージ（憧れ）で決めたい

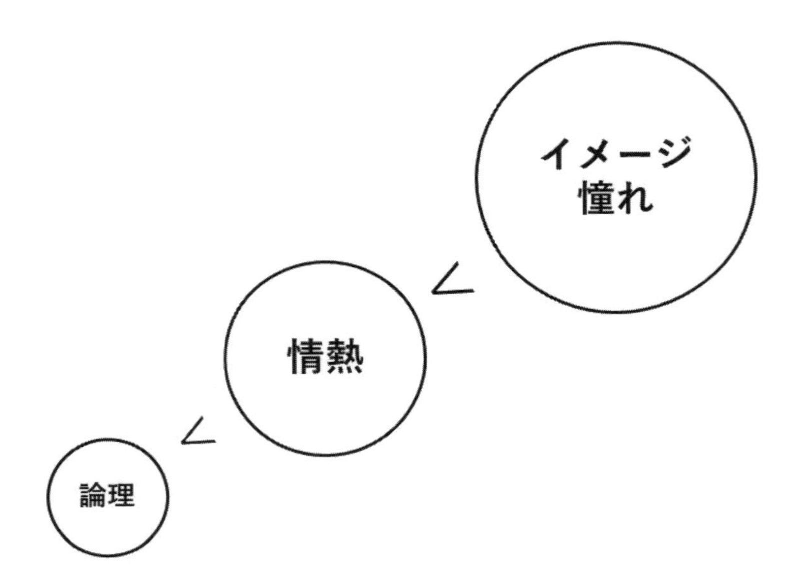
イメージ
憧れ
<
情熱
<
論理

（２）何をやりたいかを考えてみる（棚卸ししてみる）

仮のテーマでも構わない。今、やりたいと思っていることを列挙してみてほしい。思いつくままに、記してみよう。

１つに絞り込めている場合は、それでも構わない。迷っている場合も、とりあえず列挙してみよう。

実現したいこと

1）

2）

3）

4）

5）

6）

7）

8）

9）

10）

11）

（3）成功イメージの具体化（映像に描いてみる）

次に、前頁で実現したいこと見直してみて、最も実現したいことの番号を○で囲んでみよう（追加があれば、更に記していただいて構わない）。

改めて選択した実現したいことを腹に落としてから下欄に転記してみよう（表現は変えても構わない）。

実現したいこと

次に成功イメージ（実現した状況）を頭に描き、絵にしてみよう。

成功イメージ（実現した状況）

2. 自分の想いを実現するために

（１）WHY⇒WHAT⇒HOWで考える

成功イメージが具体的になったところで、何のために実現したかったのか再確認してみる。自問自答しながら再確認してみると、多くの気づきがあるはず。

一旦、記したモノを「それは、何のために？」と確認すると、より究極の目的に近づく。ただ、それを繰り返すと、抽象的になってしまう可能性もあるので、注意してほしい。自分として、腹に落ち、ワクワクしてその目的を達成したいと思えるような目的表現にしてみてほしい。

抽象的になりすぎたと思ったら、「その結果、どうなれば良いの？」と確認してみるとよい。少し具体化するハズだ。

これを繰り返しながら、自分としてエネルギーを集中できそうな目的のセットを行ってみてほしい。最終的に決めた目的を○で囲むなどしてセットしてみよう。そして、それが腹に落ちたら、最終行に転記しておこう。

実現したいこと（目的展開）

□ --

↑何のために　　↓その結果どうなれば良いのか

□ --

↑何のために　　↓その結果どうなれば良いのか

□ --

↑何のために　　↓その結果どうなれば良いのか

□ --

↑何のために　　↓その結果どうなれば良いのか

□ --

↑何のために　　↓その結果どうなれば良いのか

□ --

ＷＨＹ（目的）のセット

WHYがセット出来たら、本当にその目的を達成することに意義があるのか、再度チェックしてみる。

WHY（目的）を達成するために、予め考えていた「実現したいこと」を実現しなくても可能な場合も少なからずある。そんな前提で、本当に「やりたいこと」「やるべきこと」「テーマ」を再度セットし直してほしい。

WHATについては、5W1Hで大枠の設定ができると具体的になってくる。ここで時間軸が気になってくると思うが、ここでは、とりあえず、「目的を達成するために実現したいこと」に絞って記しておこう。

しつこいようだが、このプロセスは極めて大事。腹に落として、寝ても覚めてもワクワクしながら実現したいWHYを明確にしてほしい。

WHY（目的）の再設定

目的を達成するために、実現したいことを記しなさい。

目的を達成するために実現したいこと

実現したいことが明確になったら、実現時期を設定してみよう。

実現の時期は：　　　　　年　　月　　日頃

しつこいようだが、この繰り返しに意義があると私は思っている。

想いを込めて作成したと思うが、少しブレークをとって沈殿させてみよう。

下記の質問に答えて、更に自分の気持ちを確かめてみよう。

Ｑ１：本当にやりたいテーマか？
（皆が反対してもやるか？）

Ｑ２：いつ頃、実現したいか？
（成功イメージを映像に浮かべて設定）

Ｑ３：実現により、どのくらいの効果（メリット）があるのか？
（金銭的な面、その他何でも構わない）

Ｑ４：実現のために、どのくらいのリソースを投入する覚悟があるのか？
（金銭的な面、工数面、協力者の協力を得るために、など）

Ｑ５：パートナーとして誰か具体的にイメージ出来ているのか？
（具体的な個人名を記しておこう）

以上は、個人テーマであっても、ビジネステーマであっても同じである。この機会に棚卸して、再整理してみよう。

また、確実に実現するために、そして、ストレスの少ない進め方をするために、自分の価値観をチェックしておこう。今回は、２つの角度で価値観を認識した上で、反映してみてほしい。

（2）革新的成長と改善的成長の選択

フリーで、想いのままに記されたと思うが、スッキリしているだろうか？　スッキリしていれば、そのまま思いっきり走ってみるのもＯＫである。走った結果で、見直してみるのも良い。

ただ、もう少し、立ち止まって確認したいと思ったら、自己の価値観を確認してみたい。そして、その価値観に合った進め方を選択してほしい。

その価値観の１つに、右脳的意志決定か左脳的意志決定かが大きく影響していることは、今一度認識しておきたい。

改善的成長は、正しいことを確実に実践して、確実に右肩上がりを実現していくというアプローチである。間違ったことさえ行わなければ、そして、それを仮説検証しながら確実に行えれば必ず実現するハズであるアプローチである。

一方、革新的成長曲線は、右脳による意志決定に起因していると言っても過言でない。必ずしも、論理的根拠や裏付けはないかもしれないが、それなりの投資をすることで、大きな成果が期待できると確信をもってアプローチするやり方である。ハイリスクハイリターンの傾向もあるが、仮説検証を絶え間なく行うことで、大きな成果に結び付けているケースも多い。

改善的成長で狙う目標値は、年率５％位の成長が現実的かもしれない。一方、革新的成長で狙う目標値は大きくなる場合が多い。ちなみに計画期間での平均成長率は50％位であったという話を米国で耳にしたことがある。

そこで、１つ目のチェックをしてみよう。

１つ目のチェックは、今回のテーマに関して、「革新的成長を狙いたいのか？　改善的成長を狙いたいのか？」の判断である。

◎革新的成長とは、

投資などの犠牲を払ってでも大きな成果を出したい

リニューアルなどは、この考え方

◎改善的成長とは、

正しいことをシッカリ確実に行って成果を出したい。

論理的に無理、無駄、ムラ、を排除して確実に　成果に結びつけるというアプローチ。

コスト増の原因を１つずつ確実に排除していく考え方

あなたは、どちらを選択しますか？

革新的成長　／　改善的成長

（３）自分の価値観を認識してみる

２つ目のチェックは、以下の４つの生きざまのどれに強く共感するかである。この価値観は、３歳の頃までに形成されるということで、今更、変えるのは難しいが、自己認識した上で、ストレスの溜まらない進め方と役割分担を心掛けたい。

①理想主義的（最高を求める理想主義、倫理観を大切にしたい）

②統制的（コントロールしたい、統制してでもスピーディーに実績を）

③論理的（論理的に話を進めたい、論理的に納得したい）

④協調的（皆で仲良く進めたい、喧嘩したくない）

この４つの中で、特に自分にあてはまると思う２つの要素を意識してアプローチの方法を組み立てることは、有効であると認識している。

逆に不足分については、他の人の力を借りることも意識してみたい。

3．自分ならではの企画を研ぎ澄ませる７つのSTEP

1．自分ならではを意識する意義と進め方

（1）自分ならではを意識する意義

「自分ならでは」が、自分の存在価値の究極であろうことは理解できる。その究極を認識しようというのだ。

それは容易なことではない。結構、自分のことは分かっていないものだ。そんな中で、以下の手順を使いながら「自分発見」を行ってほしいと考えている。

見える化することで、“行ったり来たり”を少なくすることが出来るし、気持ちの整理も出来てくるものだ。私自身、このプロセスを踏んでいるし、プロセスコンサルティングを行う上でも多用している。

ポイントは、以下の２つ。

①具体化と絞り込み

拡げては、絞り込む、それをまた拡げては、絞り込む、これを繰り返すことで、究極の本音にたどりつく。不思議だが、気づきが生まれ、「自分発見」が出来るのである。

②重みづけ

たくさん列挙すると、どれも大事に見えてくる。ここで優先順位も付けられなくはないが、思い切って重みづけをしてみることで、自分の気持ちを見える化できる。ｗはウェイトの略であるが、

　　w10：安い　　　　ｗ８：品質が良い　のと
　　w10：安い　　　　ｗ３：品質が良い　のとでは、

優先順位が同じであっても、狙う方向は異なってくる。ましてや、

　　w10：品質が良い　ｗ１：安い　　　　では、

狙う方向が全く異なってくる。この具体化と思い切り、そして共有化は極めて大事なことである。

それを具体化する７つのSTEPであるが、ここで紹介しておく。ステップバイステップで、一緒にワークシートを使いながら進めてみてほしい。

（２）自分ならではの企画を研ぎ澄ませる７STEP

ＳＴＥＰ１：自分のエネルギーの見える化～夢の具体化

ＳＴＥＰ２：自分らしさ、存在価値の見える化：
ポジショニングマップ

ＳＴＥＰ３：競争優位の確認

ＳＴＥＰ４：自分の体質と環境変化からＣＳＴの抽出と具体化
※ CST : Critical Success Theme

ＳＴＥＰ５：現状分析：原因分析と仮説検証

ＳＴＥＰ６：案の創造

ＳＴＥＰ７：それを確実に実現するためのロードマップと
シナリオの準備

各ステップに従って、実践してみよう。

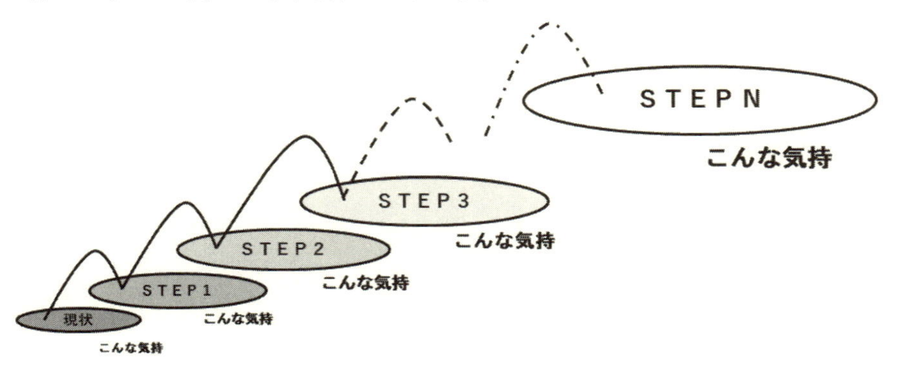

（３）STEP１：自己のエネルギーの見える化（人生の棚卸）

今までの人生の中で達成感を感じたことを、出来るだけ多く、短時間(15分以内）で集中して記してみよう（100項目以上の列挙を目指してほしい)。

1）

2）

3）

4）

5）

6）

7）

8）

9）

10）

11）

12）

13）

14）

15）

16）

17）

18）

19）

20）

21）

22）

23）

24）

25）

26）

27）

28）

29）

30）

31）

32）

33）

34）

35）

36）

37）

38）

39）

40）

41）

42）

43）

44）

45）

46）

47）

48）

49）

50）

51）

52）

53）

54）

55）

56）

57）

58）

59）

60）

61）

62）

63)

64)

65)

66)

67)

68)

69)

70)

71)

72)

73)

74)

75)

76)

77)

78)

79)

---

80)

---

81)

---

82)

---

83)

---

84)

---

85)

---

86)

---

87)

---

88)

---

89)

---

90)

---

91)

---

92)

---

93)

---

94)

---

95)

96)

97)

98)

99)

100)

101)

102)

103)

104)

105)

106)

107)

108)

109)

110)

111)

112)

113)

114)

115)

116)

117)

118)

119)

120)

121)

122)

123)

124)

125)

126)

127)

128)

129)

130)

131)

132)

133)

134)

135)

136)

137)

138)

139)

140)

141)

142)

143）

144）

145）

146）

147）

148）

149）

150）

①まず記したモノを読み直してみよう。
②次に中でも最も、ワクワクする自分らしい項目に赤丸を付けてみよう。
　どうしても１つに絞り込めない場合は、複数に赤丸を付けても良い。
　その上で、中でも一番のモノを選択して二重丸を付けてみよう。
③赤丸の時のことを思い出して、映像を浮かべてみる。
④何が嬉しかったのか？ 達成感の源になっているのか？ 感じてみてほしい。
⑤今後、取組もうと思っているテーマに置き換えて、イメージを膨らませてみよう。
【このエネルギーを意識してテーマを再表現】実現の仕方にひと工夫を！

テーマを通じて、自己として実現したことは

（4）STEP２：自分らしさ、存在価値の見える化：ポジショニングマップ

自分の存在価値を明確にする上で「ポジショニングマップ」は役に立つ。下図のように競合と自己をマッピングして、他では実現しない存在価値を明確化するものである。第１象限から第４象限の中で、隅に自己がマッピングされれば、競合がいない、競合にはない存在価値が自己にはあることになる。

ここで、重要なことが１つある。それは、Ｘ軸の左右、Ｙ軸の上下ともに「良い、悪い」ではない軸の設定をすることである。

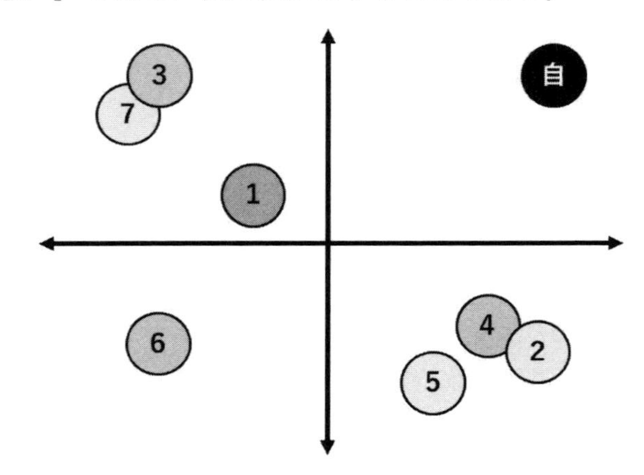

具体的には、

甘　口	⇔	辛　口	ＯＫ
山　派	⇔	海　派	ＯＫ
保　守	⇔	革　新	ＯＫ
派　手	⇔	地　味	ＯＫ
個性的	⇔	平　凡	ＯＫ

一方、

売上高多い	⇔	売上高少ない	ＮＧ
高付加価値	⇔	低付加価値	ＮＧ
販売数量が多い	⇔	販売数量が少ない	ＮＧ
技術力が高い	⇔	技術力が低い	ＮＧ

のように、誰もが目指す方向が同じであろうと思われるものは、好まし

くない。競合が狙わないところ、そこに競合が「やれない」「やらない」存在価値のある場所探しに挑戦してほしい。

そのために、いくつか軸の候補を列挙してみよう。

軸の列挙

１）　⇔

２）　⇔

３）　⇔

４）　⇔

５）　⇔

６）　⇔

７）　⇔

８）　⇔

９）　⇔

10）　⇔

11）　⇔

12）　⇔

13）　⇔

14) ⇔

15) ⇔

16) ⇔

17) ⇔

18) ⇔

19) ⇔

20) ⇔

21) ⇔

22) ⇔

23) ⇔

24) ⇔

上記の中で、使ってみたい軸の候補を選択して数字を○で囲んでみよう。そして、その選択したものを下に転記しなさい。選択した軸は、

X軸 ⇔

Y軸 ⇔

その上で、ポジショニングマップを完成してみよう

No	競合名
1	
2	
3	
4	
5	
6	
7	

自己が端に行かなかったら、軸の見直しからやり直してみよう。何度でも。

バージョンアップ用に、ワークシートを追加しておく

No	競合名
1	
2	
3	
4	
5	
6	
7	

２．マーケットバリューへの転換

（１）STEP３：競争優位の確認

ポジショニングマップで、存在価値が明確になったら、今後も含めて競争優位を維持することが出来そうか、出来るかの確認を行う。競争優位の確認である。競争優位には以下の５つの角度で可能性をさぐってみると良い。

ここでも、競合が「やれない」「やらない」がキーワードとなる。

まずは、商品・サービスに対する差別化であるが

Ⅰ、どこにも無い商品・サービスであること。

　　＞　これは、有効な差別化要素である。

　　＞　今は、で模索するが、差別化を考える上では、今後も通用するかという観点からもチェックしておきたい。

　ex. この材料は、どうやっても他では入手できない。

　　この生産方法は、他ではやれない。

　などを確立できると、有効に機能する。

Ⅱ、どこにも出来ない品揃え

　　＞　これは、６倍以上の品揃えが有効に機能する。

　　＞　この項目についても、今後も通用するかでチェックしておきたい。

　ex. ワンストップで、旅行に必要なモノ、コト、全てを入手手配できる。

　　研修で使おうと思うようなモノ、コト、全てを入手手配できる。

　　紙おむつを買いに行くと傍にビールが置いてある。

　というような品揃えによる差別化である。

次は、サービス向上による差別化であるが

Ⅲ、他がやれない、やらない受注前サービス

　　＞　これは、受注する前に他がやれない、やらない、価値のあるサービスを提供することによる差別化である。

＞　これについても、今後も通用するモノを準備しておきたい。
ex. 建物を建てる事を依頼する前に、図面が読めない人にも完成イメージが湧くようなバーチャル体験の提供。
貸出機による、トライアル支援
導入効果を確認する為のシミュレーション支援
というような、受注する前に、他がやれない、やらないようなサービスを準備して、差別化をはかるモノである。

Ⅳ、他がやれない、やらないアフターサービス
＞　これは、商品・サービスを提供した後で、他がやれない、やらない、価値のあるサービスを提供することによる差別化である。
＞　これについても、今後も通用するモノにしておきたい。
ex.　永久保証の提供
２時間以内の代替機提供保証
24時間サービス体制
というようなモノであるが、有効であると市場が反応すれば、他も追随してくる可能性があるので、常にブラッシュアップする必要があると同時に過剰なサービスは、過剰な負担になってしまうので留意したい項目でもある。

最後は、コストリーダーシップである。
Ⅴ、どこより安く売っても利益が残る構造
＞　ここでは、30%以上のコスト構造の差が求められる。
＞　必ずしも安く提供するする必要はないが、コスト構造に差を創ることで、価格に対する競争力を増大させることがポイント
ex.　調達方法、生産方法、製造方法、サービス提供方法、販売方法などの違いで差別化するのであるが、自分の首を絞めない工夫は必要。

以上の５つの中から、最も有効に発揮しそうな１つを選択してほしい。中途半端なモノがたくさんあっても意味がない。完璧なモノ１つをブラッシュアップして、今後も含めて他が「やれない」「やらない」を確立して

おきたい。

１つを選択するためのワークシートが下表である。

全面対応が難しければ、

①商品を限定してなら「他がやれない・やらない」と言える

②顧客を限定してなら「他がやれない・やらない」と言える

③地域を限定してなら「他がやれない・やらない」と言える

を選択していただいて構わない。少しハードルは下がるはずだ。

ただ、選択したモノについては、完璧を目指してほしい。

競争優位の確立（重点エリアの選択）

<table>
<tr><th colspan="3" rowspan="2"></th><th rowspan="2">全面対応</th><th colspan="3">集中化</th></tr>
<tr><th>商品</th><th>顧客</th><th>地域</th></tr>
<tr><td rowspan="4">差別化</td><td rowspan="2">商品</td><td>どこにもない商品・サービス
（今後も含めて）</td><td></td><td></td><td></td><td></td></tr>
<tr><td>どこにも出来ない品揃え
（6倍以上、今後も含めて）</td><td></td><td></td><td></td><td></td></tr>
<tr><td rowspan="2">サービス向上</td><td>他がやれない、やらない
受注前サービス（今後も含めて）</td><td></td><td></td><td></td><td></td></tr>
<tr><td>他がやれない、やらない
アフターサービス（今後も含めて）</td><td></td><td></td><td></td><td></td></tr>
<tr><td colspan="3">コストリーダーシップ（30％以上の差）
（どこより安く売っても利益が残る）</td><td></td><td></td><td></td><td></td></tr>
</table>

上記に、１つだけ◎をつけてみる。そこを意識して強化する。

将来、変更しようと思うのであれば、そちらには☆をつけておき、移行するシナリオを準備しておくとよい。

この選択した領域を徹底的に磨き上げることにより、存在価値が明確になり、マーケットバリューの拡大に通じるのである。

（2）STEP４：新SWOT分析からCSTの抽出と具体化

戦略は、「切り捨てること」と常日頃から申し上げているが、戦略に合わせてCST（Critical Success Theme：戦略課題）も絞り込むことが大事である。

そのために、古くから使われているSWOT分析を活用して、CSTの抽出と具体化を進める。

ここでは、新SWOT分析を紹介しておきたい。SWOT分析との大きな違いは、意志を反映できることにある。旧来のSWOT分析では、体質分析の項目であるS（強み）とW（弱み）について、それぞれ、現状の強み、現状の弱みを事実に限定して記すことになる。

一方、新SWOT分析では、体質分析の項目に「こだわり」と「独自性」を加えて、今実現していなくても、今後実現したいこと、を盛り込めるようになっている。もっとも、現時点で「こだわり」「独自性」であることを記しても構わない。今は出来ていないが、今後実現したいと思っていることを「こだわり」「独自性」として記すことが出来るのは有り難い。その結果、今の実力を超えた可能性に対して、CSTの抽出が出来るようになるのである。それ故、この方法を強くお勧めしたい。

戦略は、体質分析と環境分析から創造するとされているが、まず、体質分析として、競合を意識しながら（ポジショニングマップの結果は役立つ）「S：強み」「W：弱み」を抽出してみる。

次に、環境分析であるが、「O：チャンス」「T：リスク」を自分にとっての立場から重要なモノに着目して抽出してほしい。

最後に、先述した「こだわり」と「独自性」を体質分析の追加項目として、意志をもって抽出してみよう。

では、ワークしてみよう。

《Ｓ：強みの列挙》：体質分析

まず、思いつくままに列挙してみなさい。ここでは、具体的に記すのがポイントである、競合を意識し、その競合に比べて記すと具体的になる。（20個以上列挙して、吟味してBEST３を選択してみよう）

1）
____

2）
____

3）
____

4）
____

5）
____

6）
____

7）
____

8）
____

9）
____

10）
____

11）
____

12）
____

13）
____

14) ______________________________

15) ______________________________

16) ______________________________

17) ______________________________

18) ______________________________

19) ______________________________

20) ______________________________

21) ______________________________

22) ______________________________

23) ______________________________

24) ______________________________

25) ______________________________

BEST 1 : ______________________________

BEST 2 : ______________________________

BEST 3 : ______________________________

《W：弱みの列挙》：体質分析

まず、思いつくままに列挙してみなさい。ここでは、具体的に記すのがポイントである、競合を意識し、その競合に比べて記すと具体的になる。（20個以上列挙して、吟味してBEST３を選択してみよう）

１）＿＿＿＿＿＿＿＿＿＿＿＿＿＿＿＿＿＿＿＿

２）＿＿＿＿＿＿＿＿＿＿＿＿＿＿＿＿＿＿＿＿

３）＿＿＿＿＿＿＿＿＿＿＿＿＿＿＿＿＿＿＿＿

４）＿＿＿＿＿＿＿＿＿＿＿＿＿＿＿＿＿＿＿＿

５）＿＿＿＿＿＿＿＿＿＿＿＿＿＿＿＿＿＿＿＿

６）＿＿＿＿＿＿＿＿＿＿＿＿＿＿＿＿＿＿＿＿

７）＿＿＿＿＿＿＿＿＿＿＿＿＿＿＿＿＿＿＿＿

８）＿＿＿＿＿＿＿＿＿＿＿＿＿＿＿＿＿＿＿＿

９）＿＿＿＿＿＿＿＿＿＿＿＿＿＿＿＿＿＿＿＿

10）＿＿＿＿＿＿＿＿＿＿＿＿＿＿＿＿＿＿＿＿

11）＿＿＿＿＿＿＿＿＿＿＿＿＿＿＿＿＿＿＿＿

12）＿＿＿＿＿＿＿＿＿＿＿＿＿＿＿＿＿＿＿＿

13）＿＿＿＿＿＿＿＿＿＿＿＿＿＿＿＿＿＿＿＿

14)

15)

16)

17)

18)

19)

20)

21)

22)

23)

24)

25)

BEST 1 :

BEST 2 :

BEST 3 :

《O：チャンスの列挙》：環境分析

まず、思いつくままに列挙してみなさい。ここでは、具体的に記すのがポイントである、自社を取り巻く環境変化として活かせそうなモノを具体的に記してみる。

（20個以上列挙して、吟味してBEST３を選択してみよう）

１）

２）

３）

４）

５）

６）

７）

８）

９）

10）

11）

12）

13）

14)

15)

16)

17)

18)

19)

20)

21)

22)

23)

24)

25)

BEST 1 :

BEST 2 :

BEST 3 :

《Ｔ：リスクの列挙》：環境分析

まず、思いつくままに列挙してみなさい。ここでは、具体的に記すのがポイントである、自社を取り巻く環境変化として意識したいモノを具体的に記してみる。

（20個以上列挙して、吟味してBEST３を選択してみよう）

１）＿＿＿＿＿＿＿＿＿＿＿＿＿＿＿＿＿＿＿＿

２）＿＿＿＿＿＿＿＿＿＿＿＿＿＿＿＿＿＿＿＿

３）＿＿＿＿＿＿＿＿＿＿＿＿＿＿＿＿＿＿＿＿

４）＿＿＿＿＿＿＿＿＿＿＿＿＿＿＿＿＿＿＿＿

５）＿＿＿＿＿＿＿＿＿＿＿＿＿＿＿＿＿＿＿＿

６）＿＿＿＿＿＿＿＿＿＿＿＿＿＿＿＿＿＿＿＿

７）＿＿＿＿＿＿＿＿＿＿＿＿＿＿＿＿＿＿＿＿

８）＿＿＿＿＿＿＿＿＿＿＿＿＿＿＿＿＿＿＿＿

９）＿＿＿＿＿＿＿＿＿＿＿＿＿＿＿＿＿＿＿＿

10）＿＿＿＿＿＿＿＿＿＿＿＿＿＿＿＿＿＿＿＿

11）＿＿＿＿＿＿＿＿＿＿＿＿＿＿＿＿＿＿＿＿

12）＿＿＿＿＿＿＿＿＿＿＿＿＿＿＿＿＿＿＿＿

13）＿＿＿＿＿＿＿＿＿＿＿＿＿＿＿＿＿＿＿＿

14) ______

15) ______

16) ______

17) ______

18) ______

19) ______

20) ______

21) ______

22) ______

23) ______

24) ______

25) ______

BEST 1 ： ______

BEST 2 ： ______

BEST 3 ： ______

《こだわりの列挙》：体質分析

まず、思いつくままに列挙してみなさい。ここでは、具体的に記すのがポイントである、競合を意識し、その競合に比べて記すと具体的になる。（20個以上列挙して、吟味してBEST３を選択してみよう）

１）＿＿＿＿＿＿＿＿＿＿＿＿＿＿＿＿＿＿＿＿

２）＿＿＿＿＿＿＿＿＿＿＿＿＿＿＿＿＿＿＿＿

３）＿＿＿＿＿＿＿＿＿＿＿＿＿＿＿＿＿＿＿＿

４）＿＿＿＿＿＿＿＿＿＿＿＿＿＿＿＿＿＿＿＿

５）＿＿＿＿＿＿＿＿＿＿＿＿＿＿＿＿＿＿＿＿

６）＿＿＿＿＿＿＿＿＿＿＿＿＿＿＿＿＿＿＿＿

７）＿＿＿＿＿＿＿＿＿＿＿＿＿＿＿＿＿＿＿＿

８）＿＿＿＿＿＿＿＿＿＿＿＿＿＿＿＿＿＿＿＿

９）＿＿＿＿＿＿＿＿＿＿＿＿＿＿＿＿＿＿＿＿

10）＿＿＿＿＿＿＿＿＿＿＿＿＿＿＿＿＿＿＿＿

11）＿＿＿＿＿＿＿＿＿＿＿＿＿＿＿＿＿＿＿＿

12）＿＿＿＿＿＿＿＿＿＿＿＿＿＿＿＿＿＿＿＿

13）＿＿＿＿＿＿＿＿＿＿＿＿＿＿＿＿＿＿＿＿

14)

15)

16)

17)

18)

19)

20)

21)

22)

23)

24)

25)

BEST 1 :

BEST 2 :

BEST 3 :

《独自性の列挙》：体質分析

まず、思いつくままに列挙してみなさい。ここでは、具体的に記すのがポイントである、競合を意識し、その競合に比べて記すと具体的になる。（20個以上列挙して、吟味してBEST３を選択してみよう）

１）＿＿＿＿＿＿＿＿＿＿＿＿＿＿＿＿

２）＿＿＿＿＿＿＿＿＿＿＿＿＿＿＿＿

３）＿＿＿＿＿＿＿＿＿＿＿＿＿＿＿＿

４）＿＿＿＿＿＿＿＿＿＿＿＿＿＿＿＿

５）＿＿＿＿＿＿＿＿＿＿＿＿＿＿＿＿

６）＿＿＿＿＿＿＿＿＿＿＿＿＿＿＿＿

７）＿＿＿＿＿＿＿＿＿＿＿＿＿＿＿＿

８）＿＿＿＿＿＿＿＿＿＿＿＿＿＿＿＿

９）＿＿＿＿＿＿＿＿＿＿＿＿＿＿＿＿

10）＿＿＿＿＿＿＿＿＿＿＿＿＿＿＿＿

11）＿＿＿＿＿＿＿＿＿＿＿＿＿＿＿＿

12）＿＿＿＿＿＿＿＿＿＿＿＿＿＿＿＿

13）＿＿＿＿＿＿＿＿＿＿＿＿＿＿＿＿

14) ______

15) ______

16) ______

17) ______

18) ______

19) ______

20) ______

21) ______

22) ______

23) ______

24) ______

25) ______

BEST 1 : ______

BEST 2 : ______

BEST 3 : ______

BEST３があがったところで、下表に整理してみる。
優先順位の高い順番で１、２、３と記すと使いやすくなる。

《ＣＳＴ》	チャンス（Ｏ）	リスク（Ｔ）
CST1: CST2: CST3:	O1: O2: O3:	T1: T2: T3:
強み（Ｓ） S1: S2: S3:		
弱み（Ｗ） W1: W2: W3:		
こだわり（Ｋ） K1: K2: K3:		
独自性（Ｄ） D1: D2: D3:		

次に表を眺めながら、クロスしたところにテーマを抽出してみる。

例えば、S1とO1を組み合わせて考えることで、有効に活用出来そうなテーマはないか？　と考えるのである。

論理的には、体質分析から12項目、環境分析から６項目あるので、72通りの組み合わせが考えられるが、全てを揚げる必要はない。

また、１つの組み合わせに対して複数のテーマを抽出してもかまわない。

ここは、感覚的にヒューリステックに抽出してみてほしい。

10個ほどあげられれば、まずは良いと思う。

ここは、数よりも質にこだわりたい。

CST（戦略的テーマ）候補を10個ほど記してみましょう

No	CST	体質 (S,W,K,D)	環境 (O,T)
1			
2			
3			
4			
5			
6			
7			
8			
9			
10			

列挙してみた中で、これは「やりがいがある」「これが実現できると目的を達成しそう」「これが要（かなめ）だ」と思えるようなテーマを３つほど選択して番号に○をつけてみよう。その上で優先順位をつけて、CST１、CST２、CST３と設定しておく（少なくても構わない、多くても５つ以内で）。

3．実態（現実）とのマージから実現へ

（1）STEP５：ファクトファインディング（現状把握、原因分析、仮説検証）

現状分析は、問題発見にはじまる。問題とは、「あるべき姿と現状とのギャップ」である。

そのギャップには３つの種類がある。

◎問題の３つの種類

①トラブル問題

トラブルの背後には原因がある。事実情報にこだわった分析が大事になる。ここで言う「原因」とは、取り除くことができるモノを指す

②課題

明確な目標、評価基準の設定のもとで、課題が明確になる。

ここでのギャップは、目標とする意志とのギャップになる。

③将来問題

将来の予測情報をもとに、ギャップを想定する。あくまで想定であるが、この認識で、そのギャップが生まれないように、また、ギャップが起きても大丈夫なように予防対策を準備することが可能になる。

３つの問題を図で表現すると、下記のようになる

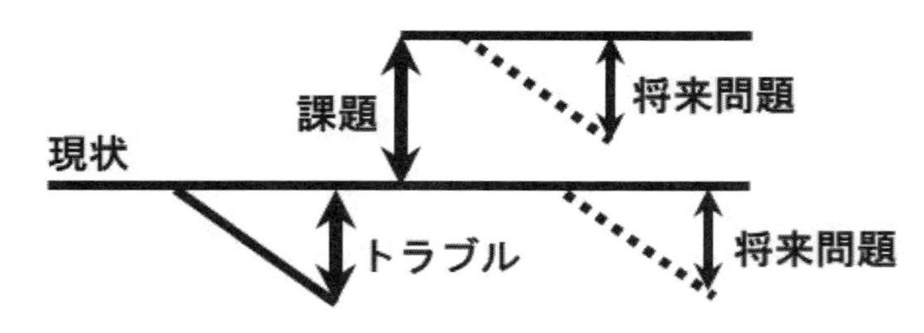

◎対策の５つの種類

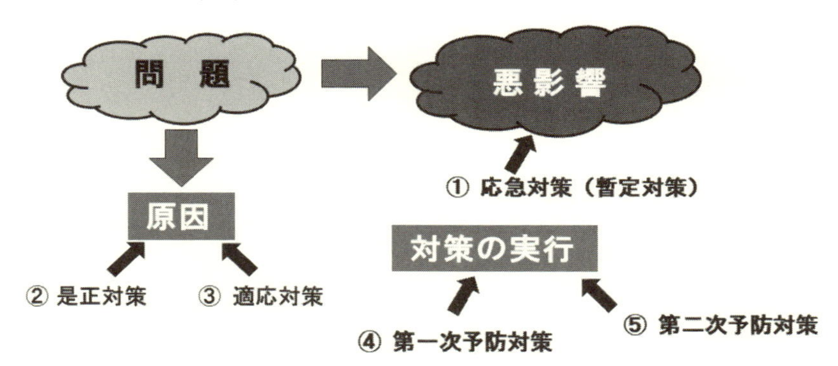

①応急対策（暫定対策） 問題による悪影響を少なくする。原因は把握出来ていなくてよい。 ②是正対策 原因を把握した上で、原因を除去する対策。 ③適応対策 原因を把握した上で、現実的な対応方法を考える。 ④第一次予防対策 予想される問題が発生しないようにする対策。 ⑤第二次予防対策 予想される問題が発生しても悪影響が少なくてすむよう事前準備。

どの対策を準備するのか、決めておくことは重要である。
多数の対策を選択する場合も、１つずつ、順番に目的を外さないで準備しておきたい。

①応急対策は、スピードが大事。原因をつかむ時間も惜しんで悪影響の最小化に努めたい。②是正対策と③適応対策も区別したい、原因が分かった上で、現実的対策かあくまで完全を狙うかで進め方が異なってくる。④第一次予防対策は、起きないように、⑤第二次予防対策は、起きても大丈夫なようにで、スタンスに大きな違いがある。特に⑤第二次予防対策が不十分な場合が多い。意識して準備しておきたい。

問題の種類を明確にし、対策の種類を決めておくことで、「あるべき姿」と「現状」が明確に定義でき、今後、何をするかも明確に出来る。

テーマ	
あるべき姿	
現　状	
問題の種類	
対策の種類	

◎原因のとらえ方、原因分析のコツとツボ

「あるべき姿」と「現状」のギャップが明確になったら、その原因を明確にしておくことで、的を得た対策の構築ができる。

ここで大事な事は、「原因」は「除去できるモノ」でなければならないということである。容易に除去できないとするならば、それは、「原因」ではなく「現象」であるということを忘れてはいけない。

「原因」をつかむためには、２つの方法を活用したい。

１つ目は、「何故」「何故」を繰り返しながら、除去できる具体的な原因までたどりつこうとするアプローチである。本当にそれが、原因かというズレも発生しかねないが、「結果的検証」で真偽は確認出来る。「原因」は除去できるレベルまで具体化しているので、除去してみて、問題の現象が発生しないことを確かめれば良い。大掛かりな検証になる場合は、小さなモデルで検証してみることもお勧めしたい。

２つ目のアプローチは、「論理的検証」である。「問題が起こっている現象」と「問題が起きていない現象」とを比較して、その違いから原因らしきモノを想定するのである。その上で、「もし○○が真の原因であるとするならば、問題が起こっているところで起こって、問題が起きていないところで起きていないことが説明できますか？」という論理的検証をしながら、真の原因に近づいていく方法である。このアプローチにおいては、少しでも事実ではない情報が混入していると間違った判断をしてしまうことになる。それ故、事実情報に絞って、論理的に説明できる、納得できる原因に到達しようとするものである。この場合も、真の原因にたどりついているかの確認のために「結果的検証」は行ってほしい。

原因が分かれば、②是正対策、③適応対策も効果的なモノになる。また、将来のことであるが、予防対策に対しても想定原因を検討する上で、原因分析のアプローチ方法は役に立つ。

（２）STEP6：対策案の創造（思ってもいない案の創造）

ここまで来たら、次は『案の創造』である。

ここでは、『もっと、もっと』というスタンスで、思ってもいなかったような案を創造して欲しい。

予め想定している案から選択するのではなく、目指す方向を意識してより満足度の高い案を創り上げるというスタンスで臨みたい。

その為に重要になるのが、目標設定（評価基準の設定）である。
目標設定と評価基準の設定は、序章で述べたように表裏一体、深い関係があるのである。

目標設定の仕方について考えてみよう。

目標は、目指す方向で実施後、目標達成したかどうかを確認する為に設定しているとするならば、その評価方法にフィットするような設定の仕方をしておくと便利に使えることになる。言い換えれば評価基準として使えそうな表現にしておくと使いやすいのである。

車の購入する際を例にあげて評価基準（目標）を列挙してみる。

①加速の良い車が良いね。

②燃費が良い車が良いね。

③静かな車が良いね。

④広い車が良いね。

⑤安い車が良いね。

⑥小回りのきく車が良いね。

⑦給油無く長距離走れる車が良いね。
という風にあげてみる。

ここまであげてもらうとお勧めの車が浮かぶだろうか？

浮かんだ車に確信が持てれば良いのであるが、どうだろうか？

これだけでは、決めきれない。そう、この①〜⑦のどれが重要であるか分からないと、決めにくいのである。

ここで、重みづけをしてみたい。W（ウェイト）を付けてみる。人間工学的に10点満点位が付けやすい。一例として付けてみよう。その上で、重みの高いモノから並びかえてみる

w10　②燃費が良い車が良いね。
w 8　⑤安い車が良いね。
w 6　⑥小回りのきく車が良いね。
w 5　①加速の良い車が良いね。
w 4　⑦給油無く長距離走れる車が良いね。
w 3　④広い車が良いね。
w 2　③静かな車が良いね。

どうだろうか、具体的な車のイメージが浮かんできただろうか？

燃費が良くて、安くてコンパクトで小回りがきく車、更には加速が良くて、と考えると具体的な車のイメージがいくつか沸いてきて、どちらがより満足するかな、と考えられるようになる気がする。

一方、全く異なった重みづけになるとどうだろうか？

w10　③静かな車が良いね。
w 9　④広い車が良いね。
w 7　①加速の良い車が良いね。
w 5　⑦給油無く長距離走れる車が良いね。
w 3　⑥小回りのきく車が良いね。
w 2　②燃費が良い車が良いね。
w 1　⑤安い車が良いね。

車好きの方なら、各々、異なった車のイメージが湧いたのではないだろうか？　そう、同じ評価基準でも重みが異なると全く異なった解決策が満足度が高くなることを認識しておきたい。

そういう意味でも、評価基準に重みをつけるのは、意義あることなので

ある。

次に、この評価基準をもとに案を創造する。

重みの大きいモノから意識することで満足度の高い案を創造出来る。

今回は、w10の『燃費が良い車が良いね』を先ず、意識して案を創造する。燃費については、カタログやWEBサイトでも調べることが出来る。

ちなみに、下記の車種について調べてみると、

Ａ案：ベンツS560L：9.8km／ℓ　スコア：５点
Ｂ案：レクサスLS500hL：15.6km／ℓ　スコア：９点
Ｃ案：センチュリー（CVT）：13.6km／ℓ　スコア：７点
Ｄ案：シーマハイブリッドVIP：16.6km／ℓ　スコア：10点
Ｅ案：GTR：5.7km／ℓ　スコア：２点

と雑誌などに書いてある。これを評価して数字化する。この評価をスコアと呼ぶことにする。案を全て並べてみて、一番満足するものを10点とする。ここでは、Ｄ案が一番高いので10点とする。次に良いのがＢ案、さほど変わらないので９点とする。10点満点に比べて感覚的に満足度を点数化する。次はＣ案だが、少し離れているので７点。次のＡ案も離れているので５点とする。更にＥ案は２点とする。

こんなふうに、感覚的に付けてみる。必ず１つは10点を付ける。

そのスコアと評価基準のｗを掛け算して、その案の評価基準に対する評価値とする。全ての評価基準に対して同じように評価して、それぞれの案ごとに、評価点を合計して、その案の総合評価点とする。その総合評価点を比べて最も点数の高い案を最優先候補としてノミネートするのである。

ただ、この数字はあくまで目安であり、一番高い点数のものを選択しなければならないというモノでもない。１割程度の違いは誤差と考えて良い。また、ポリシーを優先して、２番目３番目を意識して選択しても良い。最終選択しようとする案に対してリスクがないかと再検討することも忘れてはいけない。

全ての案に対してリスクを検討するのは、考え方が後ろ向きになりかねないことと手間が掛かってしまうことで、お勧めしない。選択しようとした最終案に対してのみ行えば良いと認識している。

ワークシートのサンプルフォーマットを示しておく。

問題形成（案作り）ワークシート

テーマ：　　　　　　作成者：　　　　　　作成日：　　年　　月　　日

案			A案（ ）			B案（ ）			C案（ ）			D案（ ）			E案（ ）			F案（ ）		
No	評価基準	W	評価コメント	S	w・s	評価コメント	S	w・s	評価コメント	S	w・s	評価コメント	S	w・s	評価コメント	S	w・s	評価コメント	S	w・s
01																				
02																				
03																				
04																				
05																				
06																				
07																				
08																				
09																				
10																				
11																				
12																				
合計																				
最終決定																				

：自動計算対象

	案の骨子（説明）	具体的内容
A		
B		
C		
D		
E		
F		

しつこいが、このワークシートは、事前に準備していた案を比較評価する為のものではない。あくまで評価基準をウエイトの高いモノから意識して「案を創造」する為に使うシートである。

（3）STEP7：確実に実現するためのロードマップとシナリオの準備

高い目標レベルを実現する為には、時間が掛かってしまうことは少なくない。そんな時の為に、ロードマップやシナリオを準備しておくことは有効である。その大きな目的は、

①夢を見失わない為

②LT（リードタイム）をシッカリ意識する為

③やってはいけないことを明確にする為

である。この３つについて補足しておく。

①夢を見失わない為

中長期的な夢を実現するにあたっても、途中で何度か達成感を味わえる

ようなイベントを仕組む場合は多い。そんな時、それがプロセスであるにもかかわらず、そこで喜び過ぎて余計なことに手を付けてしまうことが起こってしまう。これは、避けたい。また、苦しい時には、先々の夢を実現した時の映像を思い浮かべながら、元気になって欲しい。そんな目的で活用して欲しい。

②LT（リードタイム）をシッカリ意識する為

これは、重要である。３年後のシナリオ（ステートメント）を実現する為には、土地を確保して、用途申請をして、認可をとって、設備を導入して、試作を完了して、お客様の認定を受けていなければ実現しないとしよう。とすると、各々のステップでどの位の時間が必要かを算出することで、最初の土地の確保は、いつまでに行っておかなければ間に合わなくなるかが、明白になってくる。特に法律や外部に依存する期間については、早めに確認しておく必要があるのである。予想以上に時間が掛かってしまう場合が多いので意識しておきたい。

③やってはいけないことを明確にする為

これも少なくなく起こり得るので注意したい。先々、どこかと協力関係を築いて実現したというシナリオ（ステートメント）があるのであれば、その相手とは、良い関係を構築していきたいと考えるハズ。そんな中で、目先の目的を優先してしまい、その相手と敵対関係になるような実施項目は、可能なら避けたいものだ。そんなことも浮かび上がってくる。

シナリオを準備してみよう。
先ず、テーマを表現しておこう。目的も含めて表現しても構わない。

実現したいテーマ

次に、最終目標に至るまでの状況を状態表現で記しておく（実施項目ではないことに留意してほしい。そのSTEPで実現しておきたい状況である）

シナリオ
現　状 ：
STFP 1 ：
STFP 2 ：
STFP 3 ：
STFP 4 ：
STFP 5 ：
STFP 6 ：
STFP 7 ：
STFP 8 ：
STFP 9 ：
STFP10 ：

シナリオを書いたら、それを実現する為に重要となるアイテム（実現すること）を書いておく。それが、ロードマップに記載するアイテムになる。

そこまで書いたら、シナリオのステートメントの実現時期を目安として書いてみる。すると、自ずと実現可能性のチェックと必要アイテムの追加が行われてくる。この時のスタンスは、シナリオを「何が何でも実現すること」だけを考えるとよい。再び、要となるアイテムが追加されてくる。

	シナリオ	要となるアイテム
現　状　：		
STFP１　： （　年　月）		
STFP２　： （　年　月）		
STFP３　： （　年　月）		
STFP４　： （　年　月）		
STFP５　： （　年　月）		
STFP６　： （　年　月）		
STFP７　： （　年　月）		
STFP８　： （　年　月）		
STFP９　： （　年　月）		
STFP10　： （　年　月）		

ロードマップの書き方は、いろいろあるが、私は、以下の表で整理している。前頁で抽出した「要となるアイテム（実現すること）」を時系列的に並べてみて、PIOMのどれを意識したアイテムなのかで整理してみる。全体のバランスを見ながら、補足していくのも有効である。（PIOMは４章３（３）参照）

また、中でも大事なモノを○で囲んだり、色付けしておくのも良い。

	P（手順）	I（情報）	O（組織役割）	M（動機づけ）
年　月				
年　月				
年　月				
年　月				
年　月				
年　月				
年　月				
年　月				
年　月				
年　月				
年　月				
年　月				
年　月				
年　月				
年　月				

これをベースに年表として整理してみるのも良い。

４．意識したい留意点

1．イノベーション成功の５つの鍵

ここまでのワークを通じてフレームワークは形成されたと思うが、確実に実績に結び付ける為に、序論でもふれたが、留意点を再整理しておく。

先ずは、イノベーション（革新的成長）成功の５つの鍵である。改善的成長は、多くの人に納得して貰いながら進められるが、革新的成長を実現しようとする場合、多くの抵抗も予想される。そこで、以下の５つは意識したい。

（１）情熱

これが、全てのエネルギーの源である。諦めない気持ちが必ず実現に導いてくれる。まさに、「諦めなければ失敗はない」のである。

（２）巧みな戦術

総力を結集する為に、５つの戦術からの的確な選択が効を奏する。時間軸と発展性を意識した巧みな進め方の戦術の選択が効率的な推進に役立つ。

（３）人の力（知恵も）を借りる工夫

ここで、特に意識したいのは、力だけでなく知恵も借りようとする貪欲さだ。結果的にスピーディーにWin－Winを創造するには、この方が効率的である事に間違いはない。不要な「面子」がこれを妨害してしまう。最も、重要な要素であると私は認識している。貪欲に力も知恵も借りよう。

（４）タイミング

遅すぎるのは勿論だが、早過ぎても無駄になる。タイミングの管理は、とても大事である。お腹がいっぱいの時に、豪華なフランス料理を出されてもにわかには喜ばれない。こんな状況にはしたくないものである。

（５）スピード

経済スピードと最速スピードを認識した上で判断したいものだ。無理なモノは無理である。その為に、最速スピードを把握しておくこと。また、経済スピードを認識していることで、Win－Winの形成がしやすくなる。迷惑を掛けない、更には満足度を上げる為にも、スピードの把握は大事である。

２．情熱のチェック

この章の「自分の想いを実現する為に」のところでもチェックしたが、以下の５つの質問で、本気度を再確認して欲しい。

（１）Ｑ１：本当にやりたいテーマか？
（皆が反対してもやるか？）

（２）Ｑ２：いつ頃、実現したいか？
（成功イメージを映像に浮かべて設定してみる）

（３）Ｑ３：実現により、どの位の効果（メリット）があるのか？
（金銭的な面、その他何でも構わない）

（４）Ｑ４：実現の為に、どの位のリソースを投入する覚悟があるのか？
（金銭的な面、工数面、協力者の協力を得る為に、など）

（５）Ｑ５：パートナーとして誰か具体的にイメージ出来ているのか？
（具体的に個人名を記しておく）

以上の５つの質問で、時々、自己の本気度をチェックしてみたい。

3．ワクワク感の大事さ

本気度とも大きな関係があるのが、この「ワクワク感」である。ワクワク感が持てることは、非常に大事である。このエネルギーが実現可能性に大きく貢献する。

あらためて、

「ワクワク感」を持てているか？　と自問自答して欲しい。

このワクワクを持てている状況下では、目標達成時のイメージが映像として見えている場合が多い。いや、必ず見えている気がしている。

言い換えれば、目標達成時のイメージを映像化することで、自分のワクワク感も引き出せると思っている。是非、情熱の持てるテーマであると自覚出来たら、この挑戦と確認をして欲しい。

4．60％と150％の差

ふてくされて物事を行うと60％のエネルギーしか出ないと言われている。逆に火事場の馬鹿力ではないが、本気で物事に取り組むと150％のエネルギーが出る。この差は大きい。何と2.5倍の差になってしまうのだ。

どうせやるなら、150％のエネルギーで進めたい。

それもチームでである。この時、１＋１＝２ではない、相乗効果を狙ってより大きなエネルギーにできないだろうか？

皆が、ワクワクしながら150％のエネルギーを出すのは勿論のことだが、相乗効果が出そうな環境づくりも意識したい。価値観が同じであることも大事ではあるが、異なった価値観も多角的な見方が効を奏する場合も少なくない。また、種々の体験も大事であると同時に、種々の体験（別のカテゴリーで）をした人との協創も大きな意義があることも、再認識しておきたい。

5．失敗の必然性と成功の偶然性

人間、とかく成功体験にはこだわってしまうものである。これはこれで意味があることだ。しかし、その成功体験が、今後も「そのまま」通用すると思ってはいけない。それは、誰しも頭では分かっていることであるが、ついつい、同じようことを行ってしまいがちだ。

そこで、あらためて認識しておきたいのは、「成功の偶然性」である。成功に至らしめたのは、「たまたま落し穴に落ちなかっただけ」と考えてみては如何だろうか。次回、同じように行ったとしても、落し穴の場所が変わっていたら（環境に変化がおこっていたら）落し穴に落ちてしまうことは否めない。そんな気持ちで何事にものぞみたいものだ。環境変化の目まぐるしい今、このことは、肝に銘じておきたい。

一方、失敗については、前向きにとらえたいと考えている。落し穴を一つ発見して、同じような落とし穴に落ちない対策を準備出来たら、確実に成功確率はあがる。その繰り返しで、確実に成功に導けるようになる。「失敗は成功の基」とは、良く言ったものだ。「失敗には必然性がある」と思う。失敗の原因を除去しなければ、おそらく同じ失敗をもたらすであろう。失敗の原因が明確になるのは、とても有難いことなのである。ということは、失敗に遭遇したということは、今後の為には、有難いことなのである。

「失敗学」という分野も注目されているが、是非、探求して欲しいと思っている（第6章で詳しく解説されている)。

もう一つ、落し穴があることを補足しておく。それは、「失敗だと認識していない」という場合である。誰がみても失敗だと思えるような場合であっても当事者が失敗だと思っていなければ、改善は進まない。勿論、原因分析などしようとするはずもない。そんな認識のズレが起きないように予め具体的な目標（評価基準）を設定しておくことは重要なのである。

最後に、他の失敗事例も参考になることを付け加えておく。成功事例よりも役に立つと私は思っている。ただ、事実はシッカリと把握しておきたい。

6．不満は前向きのエネルギー

不満を言うこと、不満に思うことに対してマイナスのイメージでとらえてしまうことが少なからずあると思うが、決してそうではないと思っている。それは、不満を抱くのは、あるべき姿に対して現状とのギャップを感じているからに他ならないからだ。そして、そこを真剣に考えているが所以なのである。

あるべき姿が、Win－Winから逸脱した自分都合の場合はいただけないが、理想が高くて不満を感じることは、決して非難することではない。

かなり前のことであるが、全社的なプロジェクトのメンバーを選定するにあたり、候補になったMさんに対して、ある重役さんから「彼は、物事を斜めに見ているようで、彼をメンバーに入れると予定通りのスケジュールで進まなくなると思いますよ」との意見が出された。それに対し、その会社の社長さんは、「『ふてくされる』事もできないようなヤツには大きな仕事は出来ない。今回のプロジェクトでは、革新的で具体的な、思ってもいないような具体策を実践して欲しいと思っている。彼には、そのエネルギーを感じるのだが」とおっしゃって、メンバーの一人として選定されたことがあった。

実際に、その彼は、プロジェクトのサブ・リーダーとして立派に重責を果たされたばかりか、誰もが考えもしなかったような「奇抜な」アイデアを多く提案され、チームとして大きな実績をあげられたのだった。

ただ、不満としての表現は、心地良いものではない。そこで、一工夫したい。そう、「前向き表現」の工夫である。「××だから駄目なんだ」は、「○○だと嬉しい」と話すだけで雰囲気は変わる。自分の気持ちも大事ではあるが、皆で前向きのエネルギーが発揮できるような工夫は、怠りたくないものだ。

もう一つ、不満を解決する為には、WHY（何の為に）に対する不満なのか、WHAT（対象）に対する不満なのか、HOW（やり方）に対する不満なのか、を識別しておくことも大事である。その結果、対処の対象が明確になり、ぶれない解決策を準備することが出来るようになることを付け加えておきたい。

7. 難しいことこそ、価値がある。そして遣り甲斐もある

何ごともそうであるが、容易に実現できる（やさしい）ことに対しては、達成感を感じなくなるものである。いや、それどころか飽きてしまうことさえある。極端ではあるが、そんなことはないだろうか？

テレビゲームしかり、ゴルフしかり、難しいほどやる気が出る気がしている。そんな訳で、難しさを楽しんで欲しいと思っている。難しいと思った時にシメシメと思えるようでありたいものだ。

難しいことには、２つのメリットがあると認識している。

１つ目は、その難しいことを実現できた時、他が容易に真似が出来ないということである。これは、競争優位の形成に大きく貢献する。それを競争優位としてどのように活かすかについては、巧みな戦術として活用したいところであるが、難しいモノについては、その可能性が大きいと認識して良いと思っている。その為にも、喜んで挑戦して欲しいし、独自性を意識しながら実現して欲しいと考えている。ビッグチャンスと捉えては如何だろうか？

もう１つは、難しいことには、大きな価値がある場合が多いということである。価値があるが故に求められているのである。そこで、留意点としては、その価値がどんなモノで、どれほどの価値があるのかは、シッカリと把握しておきたい。（ここも、予測では駄目だ、使う人に直接確認して欲しい。）そこに難しいことにでも挑戦する意義を感じられれば、それは、それは遣り甲斐のあるテーマとなり、マーケットバリューの拡大に大いに貢献することになる。難しいことを実現するのが目的ではなく、難しいことを実現して、マーケットバリューが高まるようにしてこそ、意義があることは、肝に銘じておきたい。

上記の２つを確認出来た時、誰しもが遣り甲斐を感じるのではないだろうか？　夢を持ち、遣り甲斐を感じながら、新しい難しいことに挑戦する。これが、本章の究極の目的である気がしている。

ワクワク感、貪欲さ、達成感、Win－Win、感謝の気持ち、を忘れないで挑戦し続けて欲しい。いや、挑戦し続けたい。

第4章

ビジネスプランを考える

岡崎　宏行

1．ビジネスの基本 Win－Win－Win

1．ビジネスプラン作成のポイント

（1）ビジネスの基本Win－Win－Winと第３章との関係

第４章をあえて準備したのは、第３章ではカバーしきれない「ビジネス分野」ならではの留意点があるからである。

ビジネスは、趣味でもないし、ボランティアでもない。組織の社会的存在価値を求められると同時に、組織としての継続が前提となる。ということは、結果（収益）を出すことが大事となる。結果的に利益の残せないビジネスモデルの推進は、皆を不幸にしてしまう。そのシビアさを追求するスタンスで、この章に臨んで欲しい。

そのスタンスで、経営者は勿論のこと、事業部長、管理者、志のある従業員の方々に、下記のプロセスをチェックして戴きながら、Win－Win－Win（結果として収益があがるハズ）を形成して戴きたいと考えている。

ここでのプロセスは、第３章で記したプロセスで多くのことをカバーしているが、よりシビアなビジネスプランを作成する上での整理の仕方として補足しておきたい。

このプロセスは、大きく分けて３つのPHASEと各々のSTAGE、そして各々のSTEPとして整理しておく。

PHASE1：ビジネスモデル具体化プロセス

- STAGE1：ビジネスモデルが成立するか？
  - STEP1：魚はいるか？
  - STEP2：魚の欲しがるエサは分かっているか？
  - STEP3：求められているエサは準備出来るか？
- STAGE2：我社のビジネスモデルになるか？
  - STEP1：「我社」ならではのが、確立しているか？
  - STEP2：「存在価値」が明確になっているか？
  - STEP3：「競争優位」の確立と成長シナリオは準備出来ているか？

STAGE3：失敗するハズが無いビジネスモデルの構築
STEP1：「ターゲット」は明確か？
STEP2：「ターゲット」にとっての「価値」は確認できているか？
STEP3：「競争優位」の確認とオープンブックマネジメント

PHASE2：戦略具体化プロセス

STAGE1：重点戦略項目の具体化
STEP1：戦略項目の重みづけ
STEP2：重点戦略項目の定義
STEP3：戦略項目の目標設定と評価基準の具体化

STAGE2：戦略シナリオの創造とCST（戦略課題）の抽出
STEP1：「重点戦略項目」を意識したロードマップ～シナリオ創造
STEP2：「新SWOT」分析で、体質と意志、環境を分析
STEP3：「CST（戦略課題）」の抽出

STAGE3：CST（戦略課題）の具体化
STEP1：「CST（戦略課題）」に魂を入れる
STEP2：「目標レベル」と「目標達成時期」の設定
STEP3：「今までと変える点」の明確化

PHASE3：確実に成果に結び付けるプロセス

STAGE1：イノベーション成功の5つの鍵
STEP1：「情熱」を持てているか？
STEP2：「戦術」の選択
STEP3：「人の力を（知恵も）借りる」工夫

STAGE2：スピーディーに軌道修正できる
STEP1：「シナリオ」を意識した進め方：タイミングとスピード管理
STEP2：「WHY⇒WHAT⇒HOW」の徹底
STEP3：「ステージゲート」の設定

STAGE3：確実に成果に結び付ける課題解決力
STEP1：「課題（問題）」を明確に定義する
STEP2：「原因（除去出来るモノ）」を明確にする
STEP3：「5つの対策の種類」から効果的な対策の実践

以上が、３つのPHASEと各々のSTAGE、そして各々のSTEPである

が、このプロセスを実践する上で、単に、ステップをこなすのではなく、本音で自分の為に、ステークホルダーの為にという視点で、見直しを含めた決断をして欲しい。言い換えれば、基本スタンスとして、ビジネスの基本は、Win－Win－Winであることを忘れてはいけないということである。

ビジネスの原点（商売の原点）は、物々交換に始まり、Win－Winをシッカリと形成してきている。Win－Winでなければ、長続きしない。

Win－Loseでは、リピートは起きないし、Loseを感じた人や組織がリベンジとして攻撃してくることもあり得る。皆の幸せを意識しながら、Win－Winを形成して欲しい。Win－Winを追求する姿勢とその結果は、必ず多くの人に幸せ（得るモノ）を提供出来ると確信している。

『相手が喜ぶ』を意識して行動し、その結果、自分も持ち出しにならず、自分もWinになることを企画すること、まさにこれが、ビジネスプランを作成することに他ならないのである。

その為には、お互いにLose－Loseにならない工夫をすることが、重要なことなのである。良かれと思って行うことの中に、Loseに至らしめていることはないか、十分にチェックして欲しい。

次の（2）ビジネスモデルが成立しない３つの落し穴であるが、ビジネスプラン構築プロセスのPHASE１：ビジネスモデル具体化プロセスの

STAGE１：ビジネスモデルが成立するか？の

STEP１：魚はいるか？

STEP２：魚の欲しがるエサは分かっているか？

STEP３：求められるエサは準備出来るか？

の説明に他ならない。

ただ、このプロセスが、全ての始まりであり、重要であると思うので、敢えて、ここで整理しておきたい。

ここをクリアしない「ビジネスモデル」は、机上の空論に過ぎず、成立しないことは明白であるからだ。

（2）ビジネスモデルが成立しない３つの落し穴

Lose－Loseにならない為には、お互いにとってのメリットを確実に手に入れられる仕組みを準備する必要がある。それが、確実に行えるビジネスモデルを考え、構築したい。

先ず、結果を確実に出す為のビジネスモデルを検討する際に、以下の３つの落し穴に入っていないか検討してみて欲しい。この３つが十分でないと感じたら、速やかに修正することを考えて欲しい。

①魚がいないところで、ビジネスをしようとしている。
（ターゲティングが不十分）

②魚がいても、魚が欲しがるモノが分かっていない。
（ニーズの把握が不十分）

③魚の欲しいモノを提供する力がない。
（ソリューション力が不十分）

この３つについて、説明を加えておく。（PHASE１：ビジネスモデル具体化プロセスのSTAGE１：ビジネスモデルが成立するか？のSTEP１からSTEP３についてである）

１番目の「魚がいないところで、ビジネスをしようとしている」であるが、ターゲティングが出来ていないということである。ターゲティングを行う上では、ペルソナを設定する場合が多いが、そもそも、一人もターゲットになる人がいなければ、机上の空論になる事は明白である。少なくとも一人、出来れば、三人のターゲットがいることは確認しておきたい。三人いることが見えれば、そこには魚がいると判断して良いと思う。念の為であるが、ターゲットとなりそうな人（個人名で）を３人列挙してみて欲しい。BtoBの場合法人名にとどめてはいけない、法人であるとしてもターゲットとなる個人名を揚げてみて欲しい。以下のスペースにターゲットとなる個人名を３名以上列挙してみよう。

現在考えているターゲットリスト（3名以上が目標）

No	ターゲット（個人名）	所属	メモ
1			
2			
3			
4			
5			
6			
7			
8			
9			
10			

３名以上列挙出来れば、このチェックポイントはＯＫである。

２番目の「魚がいても、魚が欲しがるモノが分かっていない」であるが、これが十分に出来ていない為に、顧客に十分に満足して戴けなかったり、余計なサービスを行ってしまったり、過剰品質を提供してしまったり、結果的にWin－Win－Win構築の障害になってしまう場合が少なからずある。実は、弊社の支援しているプロジェクトにおいて、この実践をサポートしている場合が多い。PLCというコミュニケーション手法を用いてトレーニングするのであるが、実は、ターゲット自身も本当のニーズを認識されていない場合が少なからずあることを付け加えておきたい。

この「マーケットバリューの確認」は、憶測ではなく、確実に生の言葉を得て判断して欲しい。その為に、PLCを活用して欲しい。

PLCについては、本章「３．意識したい留意点」の「２．コミュニケーション力の重要性」のところで補足させて戴くが、ここでは、「本音を聞く為の５レイヤー」を紹介しておく。１層、２層のヒアリングではニーズを把握しているとは言えない。３層になって、初めて正確に相手のおっしゃったことをつかむことが出来ている状況といえる。狙いたいのは、４層、５層のヒアリングである。そして、一緒に新たな発見や気づきが起きれば、ニーズの顕在化とバリューの確認も可能となる。それ以上に一緒に気づくことで、同志という関係になる絶好のチャンスとなる。

■ヒアリングの5層

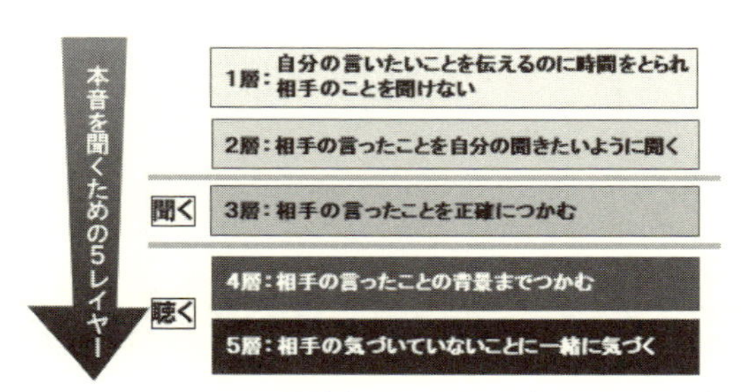

このコミュニケーションの関係のイメージを図で示すと、

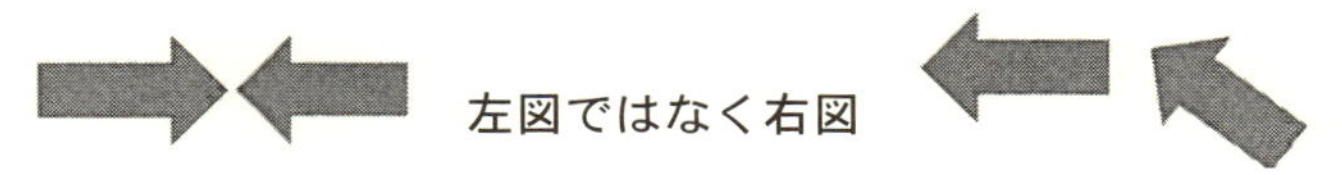

のような関係で、対面するというよりは、寄り添い、側面からサポートするというイメージのコミュニケーションのとり方である。あくまで、相手が主役で、相手の意志を相手が自然に自覚し、見える化するサポートが役割となる。（ファシリテート、プロセスコンサルの役割である）

３番目の「魚の欲しいモノを提供する力がない」
であるが、まさにソリューション力が無いということになる。提供できない場合は、早めに相手に知らせることが大事である。出来るだけ早い方が良いのであるが、最長でも２週間以内には、伝えておきたい。
その為には、以下の３つは、実行しておきたい。

①世の中で実現している事例をさがす（ベンチマーキング）
同業他社は勿論のこと、業界を超えて実現しているところは無いか、模索してみる。実現出来ているところが見つかれば、可能性はあるし、ヒントも見つかる可能性がある。常日頃から、こんな情報を集めておくと判断がスピーディーに行える。ただ、これが先入観にならない工夫を忘れてはならない。（「他社が出来ているので出来るだろう。他社が出来ていないので、我社も難しいだろう」は、先入観かもしれない）

②何故、実現出来ていないのか原因を確認する
物理的に不可能なのか、制約条件から難しいのか、ファクトを当事者に確認することを、怠ってはいけない。当事者から、出来る、出来そうだ、という返事をもらえれば、そこに賭けてみる決断もやぶさかではない。
もし、難しいとの返事をもらったとしても、ここに、ニーズがあり、マーケットバリューがあると判断したならば、実現可能性を模索する為にも、「実現が難しい原因」を確認しておきたいものだ。
ちなみに、課題解決上の「原因」とは、除去できるものを指している。そうでなければ、「何故、何故」を繰り返して、除去出来る可能性がある真の原因を把握しておきたい。（物理的には可能であっても、現実的には、バリューと釣り合わないコストが掛かるから等という場合もあり得る）

③経営的視点での判断
不可能であっても、相手と一緒になって実現する為の努力を行うことは、意義のあることである。そこに、経営リソースをかけるという判断を行えれば、そんな方針を相手に伝えることもできる。
その場合、目的の再確認は勿論のこと、目標設定、目標達成時期、リソース（社外の力を借りる工夫も要検討）、投資金額、知財に関する方針（共同開発も視野に入れて）は、決めておく必要がある。

２．ビジネスプラン作成編

1．ビジネスモデル具体化プロセス（PHASE１）

（1）ビジネスモデルが成立するか？（STAGE１）

これについては、本章（第４章）１節１項（２）「ビジネスモデルが成立しない３つの落し穴」で詳しく述べているので、詳細は割愛したい。

STEP１：魚はいるのか？

を確認すること。これは、予測ではなく、具体的に本人に確認してみることが大事である。そんなのがあると嬉しい。こんなのが欲しい。あれば、購入する。と言われても、実際に購入されるのは、おおよそ半分であると認識しておいた方が良い。その前提でビジネスプランを検討すると良い。

STEP２：魚の欲しがるエサは分かっているか？

についても、本人に確認するのが大前提である。これについても、本音で話してもらう工夫は不可欠である。敢えて苦言を呈してくれる人の方が、本気である場合も多いので、ニュートラルに耳を傾け、それを実現した時の価値も含めて確認しておいて欲しい。

その確認のステップは、

①本当にこれが必要ですか？

②いつごろまでに必要ですか？

③それによって、どのくらいの期待効果がありますか？

④その為に、どのくらいのリソースを掛けられますか？（幾ら払いますか？）

⑤提供出来るようになったら、購入して戴けますね？

である。この順番で確認して欲しい。（順番にも意味がある）

STEP３：求められているエサは準備出来るか？

これについては、万難を排して実現して欲しい。ただ、無理なモノは、無理なので、一緒に難題に取り組もうという提案か、諦めることになる。諦めると決めたら出来るだけ早めに報告して欲しい。私の感覚では、２週間が限界であると認識している。２週間で確定できそうもない場合も、経過報告として２週間以内に難題で難しそうだという情報は、発信しておいて欲しい。

（２）我々のビジネスモデルになるか？（STAGE２）

STEP１：「我社」ならではのが、確立しているか？

このチェックは、大事である。我々の存在価値に通じることであるからだ。ここでのキークエッションは、３つ

①他社がやれないことか？

②他社がやらないことか？

③他社より有利に実現できることか？

である。この３つの質問で、「我社ならではの」が存在することを確認して欲しい。

１つでもYesと言えれば、「我社ならではの」が存在すると認識できる。３つともYesであれば、それは、強烈である。今、そうであることも大事であるが、今後もそれを維持できるかどうかのチェックも忘れてはいけない。大事なことである。

STEP２：「存在価値」が明確になっているか？

もう１つ存在価値を明確にする方法がある。それは、「ポジショニングマップ」による確認である。作成方法については、第３章３節１項（４）を参考にして戴きたい。

ここでの留意点は、良い悪いではない軸の設定と、自社が他社がいない象限に存在するようなマップ、もしくは、他社が存在しても、自社が抜きん出て象限の中で、原点から離れた場所に存在するようなマップにすることにある。その結果、自社が他社では実現できない存在価値を明確にすることが出来ることになる。完成した２軸を意識し、更に強化することで、存在価値を大きくすることが、出来るはずだ。

STEP３：「競争優位」の確立と成長シナリオは準備出来ているか？

競争優位については、第３章３節２項（１）を参考にして戴きたい。ここで、意識したいのは競争優位の５つの項目全てを達成する必要はないという事である。５つの項目を平均的に強化するよりも、１つに絞って、他社と大きく差をつける方法を検討して欲しい。その軸においても、完璧にするのが難しければ、集中化（商品、顧客、地域を絞り込む）によって、完

競争優位の確立（重点エリアの選択）

<table>
<tr><td colspan="3" rowspan="2"></td><td rowspan="2">全面対応</td><td colspan="3">集中化</td></tr>
<tr><td>商品</td><td>顧客</td><td>地域</td></tr>
<tr><td rowspan="4">差別化</td><td rowspan="2">商品</td><td>どこにもない商品・サービス（今後も含めて）</td><td></td><td></td><td></td><td></td></tr>
<tr><td>どこにも出来ない品揃え（6倍以上、今後も含めて）</td><td></td><td></td><td></td><td></td></tr>
<tr><td rowspan="2">サービス向上</td><td>他がやれない、やらない受注前サービス（今後も含めて）</td><td></td><td></td><td></td><td></td></tr>
<tr><td>他がやれない、やらないアフターサービス（今後も含めて）</td><td></td><td></td><td></td><td></td></tr>
<tr><td colspan="3">コストリーダーシップ（30％以上の差）（どこより安く売っても利益が残る）</td><td></td><td></td><td></td><td></td></tr>
</table>

璧を追求して欲しい。

ここでは、STEP１の３つの質問も活用して欲しい。その３つの質問でYesが得られれば、現時点での『競争優位』は、成り立っていると判断して良い。

もう１つ大事なことがある。現実には、競争相手も進化してくる。その進化を見越して、更なる進化を自社も企画しておくことである。これが、成長シナリオの準備である。成長シナリオを作成するにあたっては、具体策よりも方向性を明確にしておくことが重要である。具体策は、環境変化に伴い効果を発揮しないこともあり得るが、方向性を明確にしておけば、環境変化にあわせて新たな具体策を創造できるからである。HOWよりもWHAT、WHYを明確にしておくことが大事なのだ。

その方向性を明確にする上で、競争優位の表は役に立つ。今の◎を今後も継続して強化するのか？　はたまた、今後は別のところに◎を移行していくのかの意志決定である。そのシナリオを持っているかどうかで、活動内容は変わってくるハズだし、どの程度意識するかで、具体化のスピードも変わってくる。

この確認は、常日頃から行って欲しい。

方向性が明確になったら、具体的なシナリオを準備しておくと良い。シナリオを意識することで、ぶれない成長が期待できる。また、環境変化にもスムーズに対応できる。

シナリオを作成する上で、留意したいのは、実施項目を書くのではなく、実現したい状態を書くことである。実行計画ではなく、あくまで、方向性を示す道しるべなのである。その結果、方法にこだわらず、その時に応じた最適な方法を選択できるようになる。富士山の頂上を目指したときの通過点の設定をするようなものだ。その通過点に到達する方法は、いくらでもある。その時の路面の状態、天候や気温、様々な環境を分析して最適な方法を選択すればよい。必要不可欠な通過点の設定。この通過点が、シナリオのステートメントになるのである。

シナリオの作成方法については、第３章３節３項（３）を参考にして戴きたい。

（３）失敗するハズが無いビジネスモデルの構築（STAGE３）

ここでの３つのSTEPは、STAGE１からSTAGE２の再確認に他ならない。ただ、ここで、しつこく再確認する意義は大きい。改めて再確認して欲しい。その上で、ビジネスとして成立するか、十分な売上、利益を獲得できる構造になっているかの再確認をして欲しいのである。

ここで、このビジネスを行なおうとの意志決定と腹落ちをして戴きたい。

STEP１：「ターゲット」は、明確か？

BtoCは、もちろんのこと、BtoBであっても、ターゲットは、個人名で設定して欲しい。出来れば３人であるが、先ずは、１人でも構わない。

STEP２：「ターゲット」にとっての「価値」は確認できているか？

このSTEPは、極めて重要である。

多くの場合、想定や予測で処理してしまう。これだけは、避けて欲しい。また、質問の仕方も重要である。迫って確認すると、本音は言いにくいモノである。あくまで、ニュートラルに相手の本音を引き出して欲しい。

その為に、誘導や例え話はしてはならない。あくまで真っ白な中で、相手にとっての価値を聴いてほしい。たてまえの情報をもらっても意味はない。７％に過ぎない情報（メラビアンの法則の言語情報の占める割合）を獲得しても意味はない。活用イメージを具体化してもらい、上手くいっている状況を相手に描いてもらってから、本音で、その価値について、かけひき無く、話してもらいたいのである。

ただ、ビジネスプランに落とし込むときは、その価値を控えめに設定してみることをお勧めしたい。感性によるものなので、一概には言えないが、私の場合は、かなり控えめに設定してみている。（あとで、増やすことは可能であるが、減らすことで、ビジネスプランそのものが成立しなくなる可能性もあるので、私は控えめに設定している）

STEP３：「競争優位」の確認とオープンブックマネジメント

ここで、「競争優位」が、どの程度言えるかの再確認をして欲しい。十分に成り立っていれば、市場の多くを獲得できる可能性がある。一方、十分に言えないとなると、競合他社に市場を奪われてしまう可能性が高くなるからだ。ここは、謙虚に想定して欲しい。

その上で、オープンブックマネジメントに取り組みたい。

オープンブックマネジメントとは、文字通り経営指標の開示であるが、ツボを皆で共有した上で、総力を発揮する為に、以下の整理は行ってほしい。特に損益分岐点とその構造は、皆で共有化しておいて欲しい。その概念を示しておく。

ビジネスである以上、経営数字の認識は不可欠である。
特に損益分岐点を意識したビジネスプランを構築しておきたい。
その概念図は、下記のようになる。

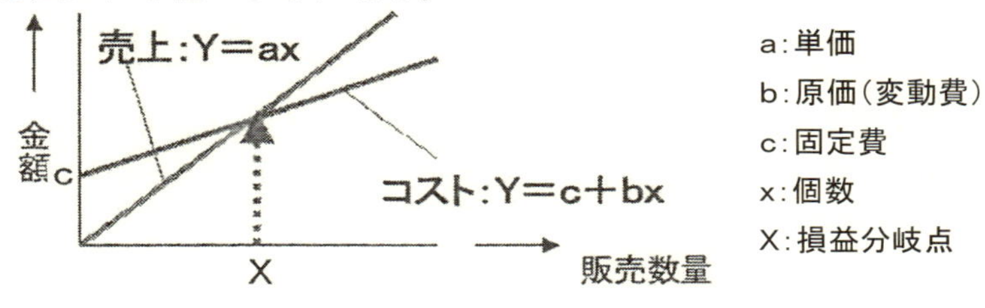

点線の矢印Ｘが損益分岐点である。

その結果、赤字にならない最低限の販売数量が明確になるし、コスト構造の設計により、固定費と変動費の設定で意図した利益計画も作成しやすくなる。

①固定費を増やして、変動費を減らせば、販売数量が大きくなると大き

な利益が期待できる。

②固定費を減らして、変動費を増やせば、販売数量が少なくても損金が大きくなることを防ぐことができる。

という構造設計が可能になるのである。

マーケットバリューとマーケットサイズを裏付けをもって意識して、以下のステップを活用して、経営数字を明確にしておくと良い。

事前に一旦、設定しておくことで、環境変化にも対応しやすくなる。

このSTEGE３で整理してきたことを意識して、以下のSTEPを踏みながら、経営数字を整理してみよう。

関係者全員で、チームとして整理してみるのも有効である。

STEP1：1単位当たりいくら位、喜んで支払ってもらえそうですか？

STEP2：最終的な販売価格は、いくらに設定しますか？

STEP3：1ターゲット当たり、年間どの位購入してもらえそうですか？

STEP4：購入してもらえそうな人は、どの位見込めますか？

STEP5：年間売上（数量）は、どの位見込めますか？

STEP6：年間売上（金額）は、どの位見込めますか？

STEP7：月間売上（金額）は、どの位見込めますか？

STEP8：固定費（月間）は、どの位掛かりますか？

STEP9：１単位当たりの変動費は、どの位掛かりますか？。

STEP10：損益分岐点（月間販売個数）損益分岐点売上（金額）は？

ここまで整理出来たら、上記の数字を意識したビジネスプランの作成に取り組んでみよう。

そして、ワクワクするビジネスプランに仕上げよう。

２．戦略具体化プロセス（PHASE２）

（１）重点戦略項目の具体化（STAGE１）

戦略とは「切り捨てること」と認識しているが、このことを経営戦略として具体化するSTAGEである。あれも大事、これも大事という事は容易に言えるが、これは今は無くても良いと明確に決めることで、エネルギーやリソースを集中できる。

それを意志決定し、皆で共有化するプロセスである。まさに、経営（ビジネスモデル）に魂をいれるPHASEなのである。

その最初のSTEPが、戦略項目の重みづけである。

STEP 1：戦略項目の重みづけ

経営戦略には３つの方向性があると認識している。それは、何を意識して戦略を決めていくかということであるが、

Ａ：外部評価（市場など社外からの評価を意識して戦略を決める）

Ｂ：内部評価（社内単独で測れる評価基準や目標をもとに戦略を決める）

Ｃ：結果評価（売上、利益、シェアの結果を意識して戦略を決める）

の３つである。どれも大事であることは、間違いないが、ここにメリハリをつけることで、尖った戦略の創造が可能になる。経営は、バランスと集中と言われるが、ここは、集中させる為の意志決定プロセスである。

この３つの中で、最も重要視したいものを１つ選択する。その項目をW（ウエイト）10とする。次に大事なものを残りの２つから選択する。そこにも重みをつける。最重要な戦略項目ｗ10に比べて重みをつけてみる。同じように残りの１つにもｗ10に比べて重みをつけてみる。

３つの戦略項目に重みをつけてみたところで、下の表に記してみよう。

Ａ：外部評価	Ｂ：内部評価	Ｃ：結果評価	重みの合計
w	w	w	合計：

ここで、注目して戴きたいのは、３つの重みの合計点である。合計数字が20点以下であることが望ましい。21点以上になるのは、欲張り過ぎと判断して良い。あれもこれも大事になっているのである。
思い切ってメリハリのある重みづけに挑戦して欲しい。
ここで、あらためて、メリハリのある重みづけに挑戦して欲しい。

Ａ：外部評価	Ｂ：内部評価	Ｃ：結果評価
w	w	w

ここで、少し解説を加えておく。

Ａ：外部評価にｗ10をつけた場合、

凄く儲かり、売上が上がるが、大事にしたい市場からは喜ばれない仕事は、しないという判断をするはずだ。また、内部評価とした特許取得数（例えば）には大きく貢献するが、大事にしたい市場から喜ばれない仕事は、しないという判断をすることになる。

Ｂ：内部評価にｗ10をつけた場合、

市場からは喜ばれるが、内部評価とした「出来るだけ多くの海外（国数）での実績（例えば）」に貢献しない仕事の優先順位は下がることになる。同様に凄く儲かり、売上が上がるが、内部評価とした「出来るだけ多くの海外（国数）での実績（例えば）」に貢献しない仕事の優先順位は下げることになる。

Ｃ：結果評価にｗ10をつけた場合、

市場から喜ばれるが、売上の貢献度が少なく儲からない仕事の優先度は下げることになる。内部評価には大きく貢献するが、売上、利益に貢献しない仕事の優先順位は下がることになる。

少し極端な例を示したが、その位の気持ちで、皆が一貫した方針で意志決定することが出来れば、リソースも集中出来るし、重要な戦略項目に対する達成スピードは、当然のことながら上がってくる。これを良しとするかどうかは、経営者を含む当事者で判断して戴きたいが、戦略的に経営するとは、こういうことなのである。

このように戦略項目に明確な重みづけが出来ている場合、この重みづけに沿って意志決定する場合は、役員会などで再検討するは必要はない。この方針と異なった意志決定を行いたい場合のみ、相談や会議を開けば良い事になる。

このことで、意志決定スピードが速くなるだけでなく、社内のリソース（特に時間）についての無駄も排除できることになる。

STEP ２：重点戦略項目の定義

ここでは、ｗ10をつけた戦略項目に対して、我社ならではの具体的な定義をしてほしい。結果的に、皆が共通認識出来れば良いのであるが、同じ状況をみても評価が異なるようにだけはしたくない。

この定義が曖昧だと、STEP３の目標設定と評価基準の具体化に苦労することになってしまう。その場合は、このSTEPに戻って定義をし直してみて欲しい。

以下、w10をどこに付けたかにそって、具体化の為のポイントを整理しておく。

Ａ：外部評価w10の場合

外部評価w10の場合、大きく分けて２種類ある。それは、外部の「市場」を優先して考えるか、「商品・サービス」を優先して考えるかの違いである。これについても、重みづけをしておくと良い。

w10市場の場合、我々にとっての大事な市場を定義する。その市場が求める満足する商品・サービスを提供して満足度を上げるように動くのである。

いわゆる「マーケットイン」的なアプローチになる。

一方、w10商品・サービスの場合は、我々の商品・サービスを定義する。勿論、競争優位や存在価値を意識した商品・サービスになるハズである。経営活動としては、その商品・サービスを欲して、バリューを感じて戴ける市場を探し求めるというアプローチになる。いわゆる「プロダクトアウト」的なアプローチになる。

Ｂ：内部評価w10の場合

内部評価w10の場合、○○力を定義することになる。この○○力に対して、２つの条件がある。

１つ目の条件は、市場の判断の影響を受けない項目であること。

２つ目の条件は、客観的に測定できること。

である。

CSの評価、リピート率などは、市場の評価であるので、Ｂの項目にならない。一方、社内のやる気、営業力、開発力、などは、客観的に測り難いので、これらの項目は測れるようになるまで、更に具体化する必要がある。

例えば、○○の資格の保有者数、自社で保有する特許件数、資金力、従業員数、拠点の数、１人当たりの月間訪問社数、解像度、などはＢの項目の具体的な定義として活用できる。また、この項目は、１つに絞り込まなくても構わない。ただ、複数ある場合は、優先順位や重みづけで狙う方向は明確にしておいて欲しい。

Ｃ：結果評価ｗ10の場合

結果評価ｗ10の場合、大きく分けて３種類となる。それは、結果の「売上」を優先して考えるか、「利益」を優先して考えるか、「シェア」を優先して考えるかである。結果評価ｗ10をつけた場合、この３つについての重みづけは行って欲しい。最重要にｗ10をつけ、他の２つについては、ｗ10に比べて重要度を感覚的に考えて重みにする。この場合、３つ合わせて20点以下にする必要はない。

また、「利益」には、売上総利益、営業利益、経常利益など、種々のとらえ方があるので、具体的に皆が同じ数字をみて評価出来るように定義しておいて欲しい。一般的には、財務会計の数字をそのまま使うというよりは、管理会計の数字を活用する場合が多い。

「シェア」についても、細かな定義が必要になる。分母と分子を明確に定義しておきたい。また、この数字については、把握出来ない場合もあり得るので、把握できるかどうかもこの段階でチェックしておきたい。把握することが可能で、皆で共通認識しやすい数字をもとに定義しておくとよい。

STEP ３：戦略項目の目標設定と評価基準の具体化

定義が明確に行えていれば、その測定方法まで具体化し易いものだ。具体化した測定方法にそった測定値で、目標設定を行っておく。ここでは、時間軸も同時に設定しておくとよい。その結果、目標管理も行ない易くなる。

目標設定についても、ｗ10をどこに付けたかにそって整理しておく。

Ａ：外部評価ｗ10の場合

外部評価ｗ10の場合、

①大事なのは、誰を評価者にするのかである。これは、ｗ10市場であっても、ｗ10商品・サービスであっても同様である。その上で、評価者にどんな点について、どのような評価をしてもらうのか、予め設定しておく。

②その上で、現状の評価を、①で設定した評価方法によって、①で決定した評価者に評価してもらってみる。

③現状を踏まえて、目標達成時期も含めて、目標設定する。

のである。

Ｂ：内部評価ｗ10の場合

内部評価ｗ10の場合、

①定義にそった評価基準と評価方法を具体化する。

②現状の評価値を確認する。

③②の評価値をもとに、目標達成時期も含めて、目標設定する。

のである。

Ｃ：結果評価ｗ10の場合

結果評価ｗ10の場合、

①売上か、利益か、シェアか、ｗ10をつけた項目についての定義をもとに、その算出方法を明確にする。

②現状の評価値を確認する。

③②の評価値をもとに、目標達成時期も含めて、目標設定する。

のである。

（２）戦略シナリオの創造とCST（戦略課題）の抽出（STAGE２）

STEP１：「重点戦略項目」を意識したロードマップ～シナリオ創造

であるが、シナリオを創造する上でも重点戦略項目は意識したい。もっとも、今までの流れで整理しようとすると、当然そうなるハズだ。前のSTAGEで具体化した評価基準を目標値として設定し、その実現時期を明示すれば、それだけでもシナリオになる。ただ、ここでは、その目標値を実現した時のワクワク感も表現したい。それを、生の言葉で表現しても良い。いつ頃には、こんな目標値を達成して、こんな状況になっていたい。と整理してみると、更に夢は膨らんでくるものである。

それをロードマップとして整理しておく。羅針盤として使えるモノになると同時に、ワクワクしてくるのではないだろうか？

自分たちの為に、ワクワクする表現で、かつ、達成したかどうか、皆で一緒に評価できるようなシナリオを創造し、『見える化』しておいて欲しい。

STEP２：「新ＳＷＯＴ」分析で、体質と意志、環境を分析

SWOT分析は、古くから戦略を具体化する手法の１つとして活用されてきているが、実態の分析にとどまることなく、意志を反映できる『新SWOT』分析の活用をお勧めしたい。

具体的な新SWOT分析の活用方法とCSTの抽出方法については、第３章３節２項（２）を参考にして戴きたい。ビジネスとしてとらえた場合には、競合他社を意識して作成して欲しい。競合他社については、今の競合他社にとどまらず、将来競合他社になるかも知れないと思われる企業まで含めて分析すると、より有効なCSTの抽出につながるハズだ。

STEP３：「ＣＳＴ（戦略課題）」の抽出

あらためてであるが、CSTとは、Critical Success Themeの略である。抽出部分の手順であるが、第３章３節２項（２）の後半部分である。「Ｓ：強み」「Ｗ：弱み」「Ｏ：チャンス」「Ｔ：リスク」「こだわり」「独自性」の各項目のBEST３を活用して、少なくとも72通りの組み合わせからテーマを創造することから始めることになる。全ての組み合わせに対してテーマを挙げてみる必要はないが、実際には、同じ組み合わせでも複数のテーマを抽出出来るので、より多くのテーマがノミネートされる可能性もある。更には、前向きな項目である「Ｓ：強み」「Ｏ：チャンス」「こだわり」「独自性」については、BEST４、BEST５を活用しても良いので（どうしても意識したい場合に限るが）、更に多くのテーマを抽出できる可能性がある。その中で、シナリオを意識して、このテーマを実現すれば、確実にシナリオ通りに夢を実現しそうなテーマに絞り込む。テーマの数は、出来れば５つ以内に絞り込みたい。

この絞り込みには、こだわりたい。ここで抽出したCSTは、常日頃から皆で意識して推進するテーマとなる。寝ても覚めても頭の片隅に存在して欲しいテーマである。

本音でそう思えるか、沈殿させて、再確認して欲しい。

（３）CST（戦略課題）の具体化（STAGE３）

戦略具体化プロセスでの最終成果物は、CST具体化シートになる。このシートに全ての魂を注ぎ込みたい。違和感があれば、時間を掛けてでも、腹落ちさせて欲しい。この領域は左脳（論理）で考えるところでは無い。右脳（情熱、イメージ）で選択して欲しい。

ただ、実現させ、成果を上げる為には、左脳によるアプローチは不可欠である。その領域は、PHASE３で強く意識したい。

何度も繰り返すが、CSTのテーマが腹落ちしないテーマであると少しでも感じたら、躊躇することなく、見直しをして欲しい。論理的なアプローチでは無いだけに、自分の気持ちに正直に対応して欲しい。ただ、今まで踏んできたプロセスは大事にして欲しい。ビジネスモデル自体の見直しを行うのであれば、PHASE 1から再度、進めてみて欲しい。戦略の見直しから行いたい場合は、PHASE 2からの見直しで良い。

腹に落ち、魂を入れられると感じたところで、STEP 1から進める。

STEP 1 :「CST（戦略課題）」に魂を入れる

何度も、繰り返し述べてきたが、自分自身で「これだ！」と思えていればOKである。その結果として、以下の2つの条件は、満たしておきたい。

条件1 :成功イメージが映像で浮かべられる。

文字で説明するのではなく映像に浮かべられることが大事である。目を閉じて、CSTのテーマが実現した時の状況を描いて欲しい。描ければOKである。

条件2 :要（よう）は、を小学生にも分かるように、端的に表現できる。

これも、極めて重要である。だらだらと説明しなければ分かってもらえないようなことでは、コンセプトが明確になっていない。また、難しい説明になってしまうのは、こなれていないからだ。小学生をイメージしながら、これなら、「なるほど」「分かります」「いいですね」と言ってもらえるような説明が出来る処を目指して欲しい。

世の中で成功しているビジネスモデルのコンセプトは、分かりやすく、シンプルなモノだと、私は思っている。

STEP 2 :「目標レベル」と「目標達成時期」の設定

ここで、CST具体化シートに記載しておきたい項目について、列挙しておく。フォーマットは、テーマや状況に合わせて設計して欲しいが、以下の項目は、記載してほしい。

《CST具体化シート記載項目》

①CSTの番号（CST 1とか、CST 2とかCST 3とかである）

②検討メンバーと責任者名（責任者は一人である）

③最初に作成した日付

④最新版に更新した日付とバージョン番号

⑤テーマ名（具体的かつ短い言葉で）

⑥要（よう）は（これが、STEP 1の成果であり、極めて大事である）

⑦目標レベル（最終目標：達成感の味わえる目標を表現する）
⑧目標達成時期（ここには、目標に対するSTEPと対象、目標値と達成時期を記すことになる。対象が複数の場合もあり得るし、評価基準（目標）が複数の場合もあり得る。シナリオの達成時期とマージされることになる）ということで、⑦⑧は複数の組合せになる。
⑨今までと変える点（ここは、この後のSTEP３で具体化して記すところであるが、具体的で、誰もが、変えたかどうか分かるような表現にしておいて欲しい）
⑩出来ていなかった原因（今までやろうとして実現していないとしたならば、実現できなかった原因を記しておきたい。ここで言う原因とは、課題解決手順上の原因で除去出来るモノある。除去出来ないレベルであれば、何故何故を繰り返して、除去出来るレベルまで具体化して欲しい。今まで、やろうとしていなかつたことであれば、この欄は空欄となる。ただ、今後挑戦するトライ＆エラーの中で明確になった原因は、追記しておきたい。また、原因を、真の原因であるかどうかの検証は、行って欲しい。検証方法には、論理的検証と結果的検証がある）
⑪予防対策の準備（万一、実現しないという問題想定に対して、問題が発生しないようにする第一次予防対策と、それでも問題が発生した場合の悪影響を最小化する為の第二次予防対策を準備しておく）
⑫やってはいけないこと（やるべきことはたくさんあるが、良かれと思ってやってしまったことが、中長期的なシナリオの中で悪影響を及ぼしてしまうことは少なからずある。そんな中で、これは、意図してやらないようにしようということは、事前に、このシートに明記しておきたい）

上記の項目を埋めていくのであるが、あくまでWHY（目的）を外さないで具体化して欲しい。手段が目的になってしまわない工夫も意識して行なって欲しい。

STEP３：「今までと変える点」の明確化

STEP２で記したCST具体化シートの⑨の項目である。これが、具体的で明確になっていないと、過去の結果と同じになってしまいかねない。ここは、極めて重要な項目である。それ故、敢えてSTEPとして取り出している。この項目を導き出す為の情報源は⑩の出来ていなかった原因の項目である。謙虚に事実を分析して、何かを変えて、確実に成果に結び付けて欲しい。

ここまで、整理してきて、これなら確実に成果が出そうだ。今までとは違う。新たなバージョンになっていると実感出来れば良い。

ここまでが、企画編になる。PHASE３からは、実践編である。ただ、価値のある難しいことに挑戦する以上、容易なことではないハズだ。企画の段階で不安があったり、躊躇するようなことがあったら、迷うことなく見直しをして欲しい。

覚悟を決めたら、何が何でも実現するまで諦めないという信念でPHASE３を進めることになる。諦めなければ、失敗はない。という信念で、挑戦して欲しい。

３．確実に成果に結び付けるプロセス（PHASE３）

（１）イノベーション成功の５つの鍵（STAGE１）

確実に成果に結び付ける為には、PDCAサイクルを確実に廻し、一歩一歩成功へと導く必要がある。その中で、重要になるのが、イノベーション成功の５つの鍵である。

第３章４節１項で簡単に説明しているので参照して欲しい。５つの鍵は、

①情熱
②巧みな戦術
③人の力（知恵も）を借りる工夫
④タイミング
⑤スピード

であった。

④タイミングと⑤スピードについては、シナリオをベースに、マーケットバリューを最大化出来そうなタイミングをはかり、最速スピードと経済スピード意識した運用をするというタイムベースマネジメントであるが、①から③については、STEPとして確実に見直しを行っておきたい。

STEP１：『情熱』を持てているか？

これについても、個人テーマでも重要なことなので、第３章４節２項でとりあげている。情熱のチェックは、「本気度」のチェックに他ならない。その５つの質問を記しておくので、再度、チェックして欲しい。

(1) Ｑ１：本当にやりたいテーマか？
　　（皆が反対してもやるか？）
(2) Ｑ２：いつ頃、実現したいか？
　　（成功イメージを映像に浮かべて設定してみる）
(3) Ｑ３：実現により、どの位の効果（メリット）があるのか？
　　（金銭的な面、その他何でも構わない）
(4) Ｑ４：実現の為に、どの位のリソースを投入する覚悟があるのか？
　　（金銭的な面、工数面、協力者の協力を得る為に、など）
(5) Ｑ５：パートナーとして誰か具体的にイメージ出来ているのか？
　　（具体的に個人名を記しておく）

STEP ２：『戦術』（進め方の戦術）の選択

進め方の戦術についても、意識して決めて欲しい。ここでは、大きく５つに分けて整理しておく。意識して選択して欲しい。途中での進め方の変更は、混乱を招いてしまう。１つの区切りがつくまでは、一貫した推進方法で進めて欲しい。その５つとは、

①強制：命令で動かす。スピードは早いが成果はリーダーに依存する
②論理：納得して動いてもらう
③交換：Give＆TakeでWin－Winの形成を心掛ける
④参加：皆に参加してもらって、皆のエネルギーを活用する
⑤英雄：身近な英雄の存在で、皆で英雄を目指す

である。このモードを維持することで、各々の良さを活かすことができる。

スピードの面では、数字が少ない方が期待できる。一方、成長性（予想以上の成果を生み出す力）は、数字が大きい方が期待できる。

良い悪いではないが、CSTを推進する上で、どのモードで進めるかは意識して決めておいて欲しい。

STEP ３；「人の力（知恵も）を借りる」工夫

個人の実力は限られている。組織のエネルギー（総力）を発揮する為には、この姿勢は大事にしたい。自分でやり遂げようという心意気は大事ではあるが、皆のエネルギーを借りてより大きな効果をよりスピーディーに

あげる方が皆に幸せをもたらすことは明白である。

人の力を上手く借りる為には、素直な気持ちと目標達成への貪欲な気持ちがベースになる。そして、目標達成する為に、何が必要で、何が不足しているのかの事実を明確に把握していることも重要な要素となる。その為には、絶えず、不足しているものが何かを模索し、力はもちろんのこと、知恵までも借りようというスタンスで、結果にこだわって欲しい気がしている。

特に日本人は、何もかも自分で行うのが良いことであるような価値観を持っている人が多い気もする。

環境変化の激しい今、そして今後、結果にこだわり、皆が幸せになることにこだわり、堂々と人の力や知恵を借りて欲しいと思っている。

（2）スピーディーに軌道修正できる（STAGE２）

確実に成果に結び付ける為には、軌道修正は不可欠になる。軌道修正するのであれば、その意志決定をスピーディーに行えるようにしておくこと、スピーディーに軌道修正できることが大事になる。

STEP１:「シナリオ」を意識した進め方:タイミングとスピード管理

環境変化は、避けることは出来ない上、今後の変化は更に大きなものになると考えられる。そんな中で、軌道修正が迫られるであろうと思うが、安易な軌道修正だけは、行ってほしくない。その場限りの対応が、長期的にみて不本意であったと思ってしまうようなことにだけはしたくないモノである。

そんな意志決定をしない為に、中長期の視点で、シナリオを意識した軌道修正を行って欲しい。その為には、絶えずシナリオと現実を見比べていて欲しい。そうすると、シナリオと現実に乖離を感じ、軌道修正の必要性が顕在化してくる時がおとずれる。

そんな時、先ず、シナリオ通りに進める工夫をした方が良いのか、シナリオ自体を変更した方が良いのか判断して欲しい。これが、重要な意志決定となる。そこには、シナリオに対する思い、その結果目指すものが明確になっているが故に決断できる何かがある。意図した軌道修正を実践して欲しい。

STEP２:「ＷＨＹ⇒ＷＨＡＴ⇒ＨＯＷ」の徹底

そんな中での軌道修正の仕方についてである。やり方を変えれば対応出来そうな場合は、HOWの修正だけでよい。対象まで含めて修正したい場合は、WHATからの対応になってしまう。少し大掛かりになってしまう。はたまた目的までさかのぼって修正した方が良いと判断した場合、WHYからの修正になってしまう。この場合、ビジネスプランの最初のSTEPからの見直しになってしまう。修正が良いか悪いかの判断は、意図に合っているかどうかの判断に他ならない。この判断は当事者が責任をもって行えばよい。

ただ、ここで気をつけて欲しいのは、HOWの修正だけで対応可能なモノなのに、WHATまで修正してしまったり、WHATまで修正すれば対応できるのに、WHYまで修正してしまうことになってしまうことである。そこは、避けて欲しい。企画は、「WHY⇒WHAT⇒HOW」であるが、修正は、HOWだけですまないか？「WHAT⇒HOW」の見直しで対応出来ないか？「WHY⇒WHAT⇒HOW」までの修正が必要なのか？　という視点で、必要最低限の軌道修正にとどめておいて欲しいと思っている。どこまで、さかのぼって修正する必要があるのか、意識して決めて欲しいと思っている。

STEP３：『ステージゲート』の設定

予め、軌道修正が起きるかもしれないとシナリオ作成時から予期できる場合がある。今後の方向性がいくつか考えられ、その将来の時点で、その時の状況に応じて判断したいというような場合である。

そんな時、ステージゲートの設定は役に立つ。そんな分岐点になりそうなシナリオのステートメントに、若し○○○になったら、Aの方向に、若し△△△になったら、Bの方向に、万一×××になったら、Cの方向にと予め準備しておくのである。もっとも、その時点になって、新たな選択肢Dを発案し、それが選択される場合もあるであろうが、条件と選択肢を事前に準備しておくことに意義がある。

環境変化に流されてしまい、本来の目的達成から逸脱する可能性を少なくすることが出来るからだ。

いずれにしても、当初の予定通りに進む事はほとんどないと認識しておいた方が良い。そこで、当初創造したシナリオにもとづき、目的到達を意識した軌道修正がスピーディーに効果的に行えるように予め準備しておくことが大事なのである。

軌道修正があることを前提に、軌道修正を活用しながら、確実に目標、目的を達成することを意識した実践にして欲しい。

(3) 確実に成果に結び付ける課題解決力(STAGE 3)

課題解決手順のコンセプトについては、第3章3節3項(1)(2)に記しているので参照して欲しい。

確実に成果に結び付ける為には、日常的にPDCAサイクルを短時間で廻し、仮説検証を繰り返しながら、確実に一歩一歩進めていく必要があるのであるが、3つのSTEPは、確実に押さえておきたい。

また、課題解決手順を活用する上での陥りやすい4つの落し穴については、第4章3節1項でふれるので、参照しておいて欲しい。

STEP 1;「課題(問題)」を明確に定義する

このことは、課題解決の原点にあたる処である。課題の本質、問題の本質を具体的かつ明確に定義しておかないと、解決したのかどうかの判断さえ曖昧になってしまう。現状とあるべき姿のギャップを明確に定義しておきたい。

具体化できると、問題の種類も明確に言えるようになる。ちなみに、問題の種類は、

①トラブル

②課題

③将来問題

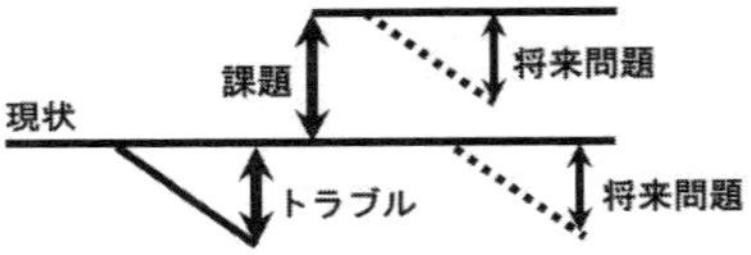

課題
将来問題
現状
トラブル
将来問題

である。逆に、この3つのどれであるかを明確に選択できるのであれば、ある程度課題(問題)が明確に定義されていると認識しても良い。

方向性はともかく、実践上は、どこまで具体化出来ていれば良いかが重要になってくるが、以下の2つでチェックしてみて欲しい

①解決出来た、あるいは、目標を達成したと、誰もが客観的に同じように判断できるように定義されていること

②これ以上、分解(細分化)すると、意味がなくなってしまうと判断される一歩前の分解(細分化)されたレベルでの表現、具体化になっていること

但し、この②の質問に対しては、判断が難しい。ただ、この判断が極め

て重要であり、実践力に大きな影響を与えてしまう。効率的かつ有効な推進を組織として行いたいのであれば、このような判断を客観的に行えるレベルの「課題解決プロチーム」の設置をお勧めしたい。

課題解決プロ集団が、組織としては必要な気がしている。

STEP 2 :「原因（除去出来るモノ）」を明確にする

実践的に「原因」の把握は、急所にあたるところである。上手く行かない原因、目的を達成できない原因が分かれば、解決の目処が立つ。

ただ、ここでいう原因は、除去出来るモノでなければ使えない。課題解決手順上では、原因は、除去出来るモノであることにこだわりたい。

「モチベーションが下がっているから」は、課題解決手順上では、原因とは言わない。あくまで現象に過ぎない。モチベーションを上げることが容易に出来ることではないからだ。そこで、「モチベーションが下がっている」原因を明確にする必要がある。「どうしてそのように評価されるのか納得できないから」という原因で、モチベーションが下がっているとしよう。この「評価に納得してもらえる」方法があると認識できれば、これは、原因として設定できる。ただ、これも実践の結果、納得してもらえなかったとするならば、その納得してもらえなかった原因を解明して具体化する必要が出てくる。

このように、現実的に問題が解決したり、課題が実現するまで仮説検証するのが、実践であるが、検証には、２つの方法があることを付け加えておきたい。

１つ目は、論理的検証である。「もし、この原因が真の原因であるとするならば、○○の時に問題が発生して、△△の時に問題が発生しなかった事が説明できますか？」という質問に説明できる原因の設定が必要不可欠になるのである。説明できない原因は、真の原因ではないと判断することが好ましい。

２つ目は、結果的検証である。これは、明確である。実際に原因を除去してみて、問題が発生しなくなったり、課題を実現することが出来るようになれば、これが真の原因であったと検証出来たことになるのである。結果的検証は、コンパクトなモデルを作成して行ってみるのも現実的な方法である。

STEP３：「５つの対策の種類」から効果的な対策の実践

対策を実践してこそ、効果があがり、一歩前進したことになる。
ちなみに対策の５つの種類を提示しておく。組織のリソースに余裕があれば、並行して２つ以上の対策に取り組むことも可能であるが、原則として１つを選択して、１つずつ対策をとり効果を確認して欲しい。ここでとった対策が有効なモノであるならば、その対策は組織のノウハウとして蓄積活用できる。

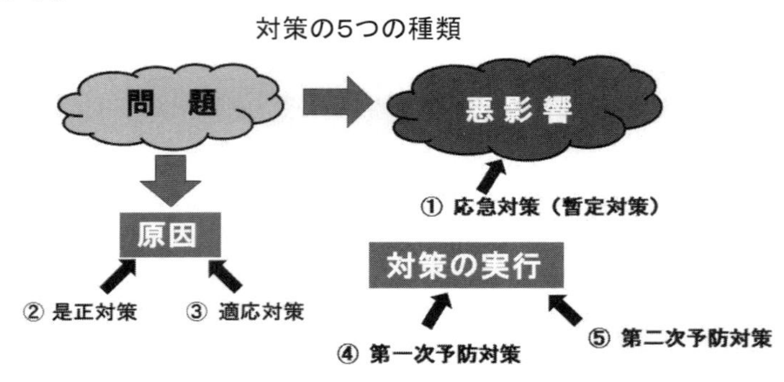

①応急対策（暫定対策）
　問題による悪影響を少なくする。原因は把握出来ていなくてよい。
②是正対策
　原因を把握した上で、原因を除去する対策。
③適応対策
　原因を把握した上で、現実的な対応方法を考える。
④第一次予防対策
　予想される問題が発生しないようにする対策。
⑤第二次予防対策
　予想される問題が発生しても悪影響が少なくてすむよう事前準備。

どの対策を準備するのか、決めておくことは重要である。
多数の対策を選択する場合も、１つずつ、順番に目的を外さないで実践して欲しい。

３．意識したい留意点

１．ビジネス上で起きる４つの落し穴

先進企業においても、下記のような状況を良く見受ける。そんなことになっていないか、意識して欲しい留意点である。

①現象を原因ととらえている場合が多い

「原因」とは、取り除くことが出来るもの。容易に取り除けないとしたら、それは、未だ「現象」である。

②問題が抽象的

抽象的にとらえると、皆に「そうだ」と言われるが、そのレベルで解決できることは少ない。分解して具体的に、スピーディーに解決する方が結果的に速い。

③決め打ちの案

問題形成（案づくり）は、既に思いついている案を評価するのではなく、思ってもいないような案を創造することに意義がある。

④第二次予防対策の欠如

問題が起きないように第一次予防対策は準備するが、問題が起きても悪影響が少なくなるような第二次予防対策を準備していないことが多い。

上記４つの項目については、意識して留意してほしい。

２．コミュニケーション力の重要性

確実に成果に結び付ける為に、コミュニケーション力は極めて重要な役割を果たす。相手の真のニーズを把握出来なければ、的を射た対応は出来ないし、相手がその気にならなければ、相手は行動に移さないからだ。

相手に思うようなエネルギーを発揮する為に、コミュニケーション力を磨いておく必要がある。無駄なコミュニケーションは、相手をいらいらさせることになってしまいかねない。

また、コミュニケーションにおいて、何を話すかにとらわれてしまうこ

メラピアンの法則

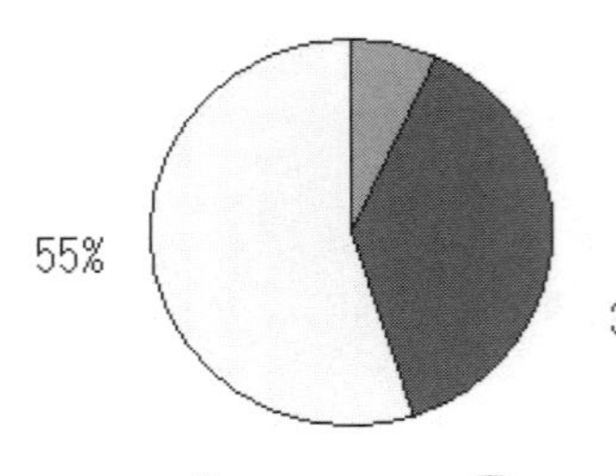

言語情報　7%
聴覚情報　38%
視覚情報　55%

とが多いが、どんな気持ちで話すかが重要であることも認識しておきたい。

コミュニケーションにおける情報が与える影響力は、言語・文字による言語情報（Verval）はわずか７％にすぎない。聴覚情報（Vocal）が38％、視覚情報（Visual）が55％をしめている。このことは、メラビアンの法則として認識されていることでもあるが、このあたりを意識して、効果的なコミュニケーションを行って欲しい。

不動産業界で「良いですね、と褒めるお客様は、ほとんど購入されないんですよ」ということを耳にすることがある。お客さまの７％の言葉をそのまま受け取っては誤解してしまうというのである。一生の買い物を真剣に購入しようとすると、要望も出るし、確認したいことも多くでるハズという説明を聞いて、納得するのであるが、聞き方しだいで本音も確認できなくなってしまう。

また、コミュニケーションを語る上で、PLCという概念は認識しておくと便利である。その一部を紹介しておく。

ターゲットにとっての価値を確認する為には、Ｐ：ペーシングのやり方を意識したいところである。心理学をベースにしたカウンセリングやコーチングの手法も、実践上役にたつ。そこには多くの共通点がある。

PLC（コミュニケーション）

Ｐ：ペーシング（PACING）
　相手に合わせ、相手を知るコミュニケーション
Ｌ：リーディング（LEADING）
　自分を伝え、相手をリードするコミュニケーション
Ｃ：クリエイティング（CREATING）
　一緒に刺激し合いながら、創造するコミュニケーション

本音を把握できるようにトレーニングも含めて研鑽しておきたい。

ちなみに、本音を聞く為の５レイヤーを以下のように分類整理している。４層、５層でのヒアリングで本音の価値の確認ができる。

要は、４層、５層での確認を行いたいということである。

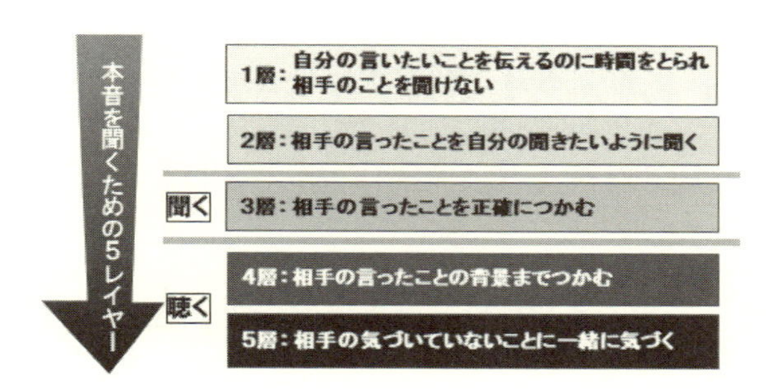

最後にその確認をする時の質問の順序であるが、下記の順番で行って欲しい。

商品・サービスのイメージを共有化した上で、

①これを利用したいと思いますか？
　利用することで、実現したいことを実現出来そうですか？
　本当に実現したいですか？
　（本音で実行したいことかを確認したい）

②いつ頃実現したいですか？
　（いつ頃を確認することで、イメージが明確になる）

③あなたにとって、どのくらいの価値がありますか？
　（出来れば、金額イメージで確認したい）

④その価値の為の、どのくらいのリソースをかけられますか？
　（工数も含めて、金額イメージを確認できるとビジネスイメージを構築しやすくなる）

⑤一緒に実現に向けて取り組ませて戴けますか？
　（取引ではなく、目的を達成する為の取組になると、今後の展開に期待がもてる）

という順番をお勧めしたい。

③と④の質問で、当方としては、ビジネスプランの与件を整理できる。また、この対象を増やすことで、マーケットサイズについても想定が出来るようになる。

こんなことを確実に実践する為に、PLCを活用していただきたい。

ここまでくれば、Win－Winの構造が見えてくる。ただ、しつこいが、序章でも述べた、良かれと思って行いがちな「過剰」の落し穴には落ちないようにして欲しい。

あとは、他社に足元をすくわれないようにするだけだ。

3．定着化の為に意識したいＰＩOM

システム化（仕組みづくり）を進める上で、重要となる基本４要素は、以下の４つである。

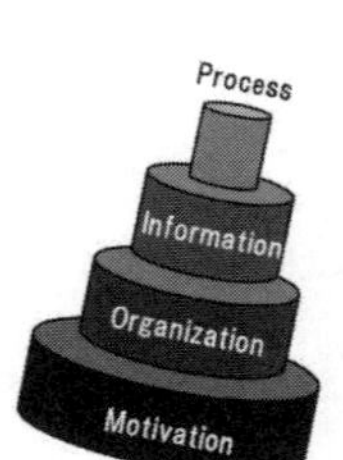

①業務手順（Process）
　業務手順の設計でビジネスの枠組みが確定される。
②情報処理（Information）
　情報処理は目的ではなく手段であることを忘れずに。
③組織役割（Organization）
　定着化には、極めて大事。
④動機付け（Motivation）
　初期段階は、動機付けに重点を置く。

特に着目して欲しいのは、③組織役割と④動機付けの設計である。基本的なビジネスプランが機能し始めても、この２つは、絶えず意識して成長させて欲しい。

定着化と成長の為には、極めて重要な役割を果たすからだ。

4．やってはいけないことの明確化

CST具体化シートの中にも記載する項目であるが、「やってはいけないこと」を明確化しておくことは、極めて重要である。やるべきことはたくさんあるが、良かれと思ってやってしまったことが、中長期的なシナリオの中で悪影響を及ぼしてしまうことは少なからずある。そんな中で、予め想定できる「やってはいけないこと」は、意図してやらない工夫が必要になる。

皆で明示して、やらないことを徹底して欲しい。

予め整理してみようとするだけでも、皆の意識に良い影響を与えると同時に、環境変化に応じて、追加できるようになれば、最高である。

5．スローガン（今までと変える点）を明示して

これも明示することに意味がある。「CST具体化シート」に記載してある「今までと変える点」を個人的に腹に落とし、自分の言葉にして明示するのである。勿論、CST具体化シートに記載したことにとらわれる必要はない。

自分として、こんな意識で取り組もう。という意志表示である。このスローガンを見て、元気になれればイイ。そして、初心に帰ることが出来ればイイ。ワクワクしながら、挑戦し続ける為にも、見えるところに明示しておきたいものだ。

勿論、何度でもバージョンアップしていい。

ここで、今、思えるスローガンを記してみてはどうだろうか。

ビジネスプラン推進スローガン

6．経営者の特徴と学ぶこと

40数年のコンサルティング（プロセスコンサルティングであるが）経験の中で、多くの著名な経営者と一緒に仕事をさせて戴いてきた。そんな中で、実績をあげられている経営者の特徴として以下の４つを感じている。

①素直

これは、文字通りであるが、最初の出会いから、本当にフランクで素直であるとの印象を受けることが多い（失礼な言い方で申し訳ないが、実際

にそのように感じてしまう）
　このエネルギーとスタンスが、今の実績のベースになっていると感じてしまう。共通して感じることである。
　斜めからみたり、変な評価をしようとされる方は、本当にいらっしゃらない。
　②貪欲
　これも、実感として感じている。良いと思われると何でも取り込まれる。例え、お孫さんからの一言でも、良いと思われたら、すぐに活用される。新入社員の言葉にも素直に耳を傾け、貪欲に活かせるモノは活かしておられる。
　そのスピードも速い。「良いと思うことをやらない手はないだろう。それを先送りする必要もないだろう」とおっしゃった言葉は、今も記憶に鮮明に残っている。確かにその通りなのであるが、この特徴も共通している気がしている。
　③前向き
　これも、学びたいことである。苦言やアクシデントを上手く前向きのエネルギーに変換される。これも素晴らしい。「転んでもただでは起きない」という表現がぴったりとは思わないが、そんな感じである。
　どんなことも、どんな経験も、血となり肉となっている感じがする。これが、不満を述べているだけとは大きく異なる気もしている。そういえば、「不満は、前向きのエネルギーの現れだから」とおっしゃった某社長のお言葉も鮮明に覚えている。「不満のないモノに成長は期待できないしね」ともおっしゃっていた。面白い表現だが、そんな感じ方が前向きなエネルギーの源でもある気がしている。
　④可愛い
　これまた、失礼な表現で恐縮だが、心から「可愛い、無邪気」と思われる人が多い。純粋であるからかも知れない。この人についていきたいと思わせてしまう。そして、この人の為なら、と思わせてしまう。

　そんな人に『私もなりたい』と心から思っている。

第5章

確実にビジョンを実現するために

佐久間輝雄

確実にビジョンを実現するためには企業で言えば経営トップが率先し、組織（チーム）と従業員（メンバー）が考え、行動しなければならない重要な勘所がある。

それがしっかり根付いている企業がビジョンをモノにできるのである。

１．成果を出す働き方

企業がビジョンを実現し、成長する原点は、言うまでもなくそこに働く経営者や従業員の働き方にかかっている。

1．「作業」から「仕事」へワークシフト

基本的な働き方はトップから新入従業員まで、「作業」をしているのか、「仕事」をしているのかで企業成長に大きな違いが出てくる。

成長企業への道を歩むためにはトップマネジメント層が率先して「作業」から「仕事」へ転換し、それを従業員に浸透させる努力が必要である。

（１）作業とは＝マニュアルワーキング

①決められたことや、今まで通りのことを間違いなくやる単純な活動。
　ルーチンワークと言う場合もある。
②与えられた業務を無難にこなす活動。
③頭をあまり使わない、いずれ機械化かＡＩにとって代わられる活動。
　例　○マニュアルや経験に沿って時間内に仕上げる。
　　　○会議に出て話を聞いて理解する。

こういう働き方を中心している人を「マニュアルワーカー」と言う。

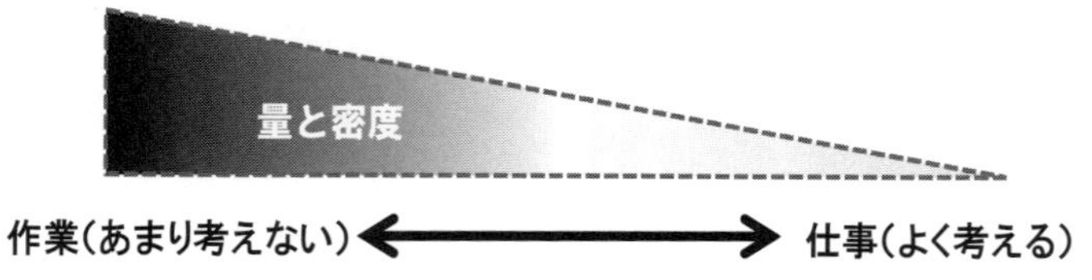

（２）仕事とは＝ナレッジワーキング

①目的、狙いを理解し、常に現状に疑問をもって改善、改革する活動。
②夢を描き（思いを持って）、課題を見つけ、徹底思考し課題解決に結びつけ、新たな価値を創り出す活動。
③失敗を恐れず挑戦する、人間らしい活動。
例　○より早く、より安く、より簡単に、と常に疑問を持ち創意工夫し、価値あるものに変えたり、新しいものを生み出す。
○会議に出たら疑問を正し、提案をし、生産的場にする。
この創造的働き方を中心にしている人を「ナレッジワーカー」と言う。

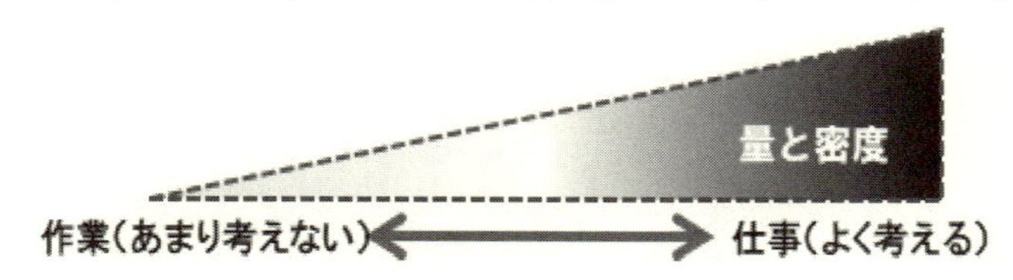

つまり、どんな業務においてもこの２つのカテゴリーが存在しているわけで、社員がどちらにシフトした働き方をするかが、企業成長の成否を分けることになる。

一方、説によってはマニュアルワーカーを「単純労働者」、ナレッジワーカーを「知的労働者」と分ける場合があるが、どんな働き手でも無駄な人はいないわけで、単純に決めつけず、仕事へのワークシフトを勧め、人材活用と、その育成を図るのが肝要なのである。

一例を紹介する。

ある物流の拠点を訪ねた時、一人の新入社員が腰に籠のようなものを付けて業務をしていた。何故か訊ねると答えは「毎朝始業時間15分の庫内掃除をしているが、もったいない。そう多くないゴミなので腰籠があれば拾えながらでも商品を出せて、お客様に早く届けられる」のだそうだ。

それを褒めると、その拠点からは間もなく各所に置いてあったゴミ箱は消え、他拠点より出庫スピードは上がり、お客様から喜ばれ、結果売上にも貢献することとなった。

その後も彼はいろいろな創意工夫を継続

し、やがて若くして本社の中枢部署へ抜擢され新システム開発や新規事業開発等、価値創造の仕事を担っている。

「作業」から「仕事」へ次々とワークシフトした例である。

（3）ナレッジワーカーを増やすには

ビジョン実現やビジネスイノベーションに欠かせないのがナレッジワーカーの存在であり、ナレッジワーカーをいかに多く育成できるかが大きな課題である。

もちろん、社員採用時点でナレッジワーキング出来る人材の採用をすることは大事であるが、そうそう人材が揃う環境は多くない。従い、現有社員と必要に迫られて採用した人材をいかに育成し、人財化するかが問われる。

そのためにはトップマネジメントから率先して、その環境づくりとフォローを徹底することに尽きる。

①ナレッジワーキングの環境づくり

啓蒙活動：「仕事」と「作業」の違いの認識徹底浸透。

○働き方としての「仕事」と「作業」認識していない社員に改めて学習の機会をつくるとともに実例などを紹介し、その徹底。

○ナレッジワーキングへの価値を示し、挑戦を促す。

○常に現状に疑問を持って取り組む指導環境づくり。

②ナレッジワーカーのフォロー

評価と報酬：ナレッジワーキングの成果は大小に拘わらずしっかり精神的、物理的両面から褒め、称える。

○社員のナレッジワーキングの発掘と奨励。

○出る杭は引き上げバックアップ（物心両面）。

○社内外での研究や学習などの機会の積極的提供。

○人事考課面での対応（昇給、昇格、報奨金支給等）。

これらは、企業として制度化しておくと効果が高い。

（４）ナレッジワーキング自己評価

読者のあなたは「作業と仕事」の違いが理解出来たら、直近の１か月間を振り返って業務（活動）の創意工夫、あるいは新しいコト、モノを創り出すために、どれぐらいナレッジワーキングをしたか、レベルを定性的でよいので自己評価してみよう。

また、その結果この１か月間で成果の出た代表的なもの（仕掛中含め）を３つ挙げてみよう。

ナレッジワーキングレベル自己評価

常に作業 ←――― **時々** ―――→ **常に仕事**

レベル1	レベル2	レベル3	レベル4	レベル5

ナレッジワーキング最近1か月の成果項目

①

----

②

----

③

２．管理（マネジメント）

ビジョンを確実に達成するためには多くの課題に取り組むことになる。
その課題達成（目的）に向けて、

①企業組織の持つ、人、モノ、金、情報、時間等の資源を適正、かつ効果的に活用して期待される成果を出す、

②企業組織として法令、公序良俗を遵守し、社会的責任を果たす、

そのための役割を「管理＝マネジメント」と言う。
その任に当たる人を「管理者、マネージャー」と呼び、実行責任を負う。

（１）管理（マネジメント）の方法

「管理＝マネジメント」の方法は、平たく言うと、

①課題達成に向けて活動が順調に進んでいるときは慎重に見守り、

②予め問題が予想されるとき、あるいは問題の兆候が出てきたときは未然防止策を打ち、

③問題が発生したときは速やかに、問題解決の対策を打ち、

④さらに再発防止策を打ち、歯止めをし、

課題達成に向けコントロール

活動を軌道に戻す一連の「コントロールの仕事」ということになる。
この「管理＝マネジメント」の巧拙が課題達成のキーとなる。

（２）管理限界の活用

ここでは「管理＝マネジメント」の効果的方法として「管理限界」の活用について紹介する。

管理限界はもともとモノづくりの品質管理（QC）に使われている手法で、生産品の品質許容範囲を明確にして「管理図」を作成、これからはみ出すものや、バラツキを発見し、問題を早期に発見し対策する管理方法。

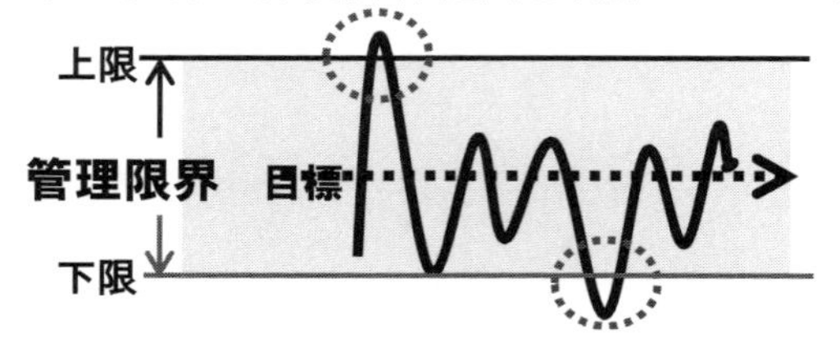

これは生産品の品質管理に限らず課題達成の管理（マネ

ジメント）に活用できるものである。

管理限界を越えた ⭘ 印部分を異常値（問題）と捉え、原因究明、対策を打ち、問題解決を図る。

管理限界＝許容範囲の上限、下限の基準や数値を定めその範囲内に収まるようにマネージャーはコントロール（統制）し目標達成を目指す。

ただし、次の２点についても管理対象として対策を考えることが必要。

①上限を超えた、優れものについては見極めたうえでさらに伸ばすことが望ましい場合や逆に潜在的危険をはらんでいる場合。

②管理限界内（許容範囲）であってもレベルが下降傾向を示す等、異常な動きがある場合（近々問題を起こす兆候があるため）。

（３）管理限界の活用例

管理限界の活用について、「管理＝マネジメント」を数値化した以下の４つの例で説明するが、他にも定性的な概念でこうした管理をすることもできる。

①売上、利益等の管理例

毎月の目標達成率が上下限内で推移し順調。見守る。達成率が異常値になったり、低下傾向になれば対策する。

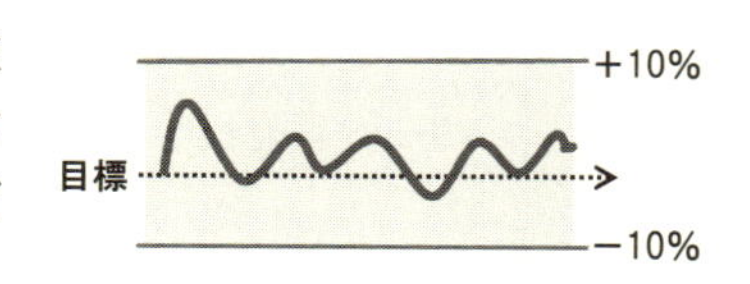

②プロジェクト日程の管理例

最近日程遅れが顕著になってきている要因を探り対策する。遅れが許容範囲を逸脱する前に手を打つことが望ましい。

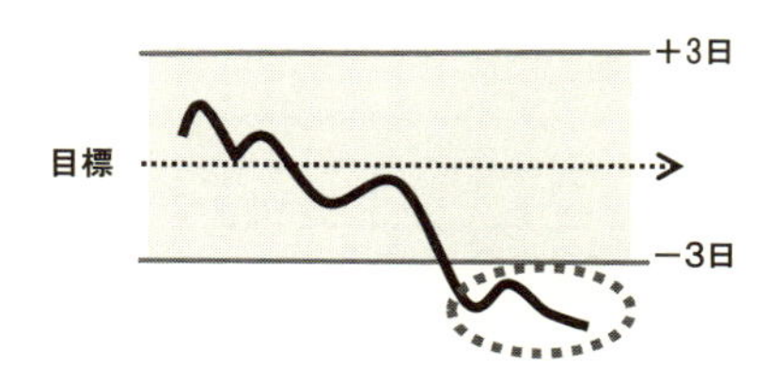

③生産品の品質管理例

製品に基準を超えるバラツキがあり、製造工程または製造機器の点検、工程検査の強化が必要。

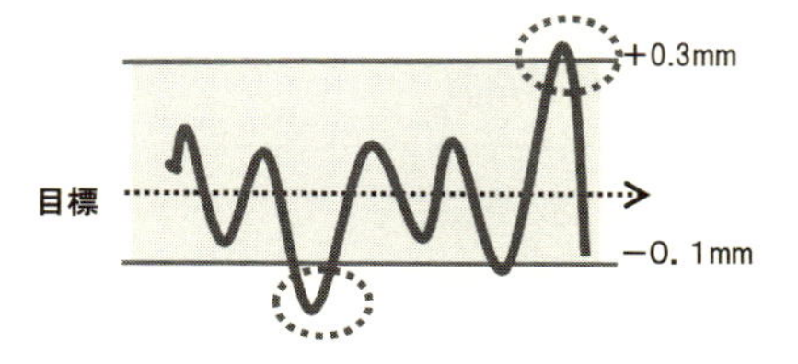

④クレームの管理例（苦情受付件数例）

毎月のお客様からの苦情やクレーム受付件数が増加傾向にある。早急に要因を調べ対策する必要がある。

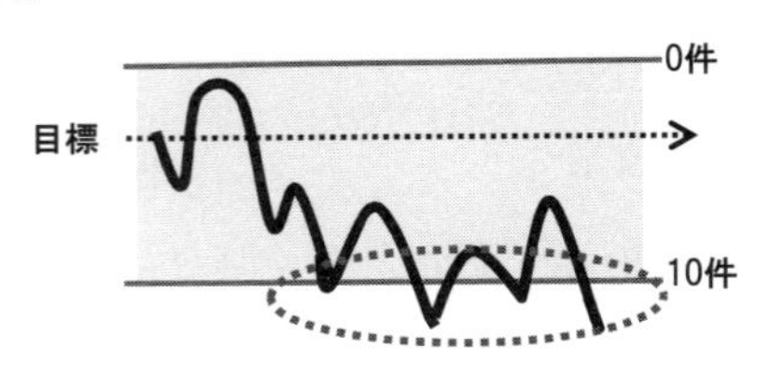

（４）管理限界応用による自己のマネジメント

管理限界を応用して、自分のマネジメント例を（３）項の例を参考にしながら演習用として２つ作成してみよう。

実施例がない場合は、今後この方法でマネジメントしてみたい事項でもよい。

①＿＿＿＿＿＿＿＿＿＿＿＿＿＿＿＿【説明】

上限

目標

下限

②＿＿＿＿＿＿＿＿＿＿＿＿＿＿＿＿【説明】

上限

目標

下限

３．社長業

社長とは企業組織の頂点に立ち、ワクワクするような経営ビジョンを創出し、その確実な達成のため経営計画の実行並びに企業経営に関するあらゆる案件に最終的に「結果責任」を負う、リスクも大きい重たい人である。

企業組織とはそれぞれの分野からなるチームであり、それを最適に組織し、チームを率いるトップマネジメント層を上手く動かし、役割を遂行させれば、面白いほどの成果が上がり、その結果、醍醐味を一番味わえるのが社長で、こんな面白い仕事は他にはない。

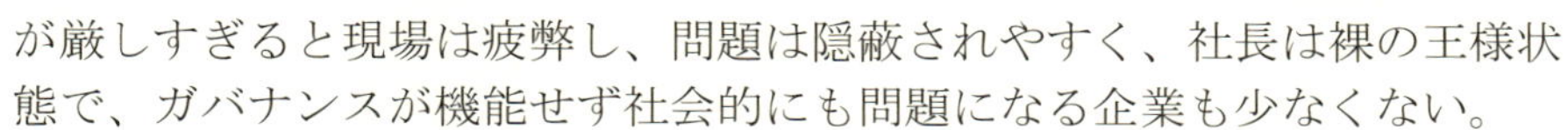

企業の盛衰は社長如何ということである。

企業で働くビジネスパーソンにとって目指すべきポジションは経営トップである「社長業」であるべきだと思う。

中には収益規模の拡大ばかりを追求する利益至上主義の社長も散見されるが、その追求が厳しすぎると現場は疲弊し、問題は隠蔽されやすく、社長は裸の王様状態で、ガバナンスが機能せず社会的にも問題になる企業も少なくない。

企業にとって利益は大事であるが、もっと大事なことは、どういう企業にしたいか、ワクワクするような「経営ビジョン」を提示し、組織（チーム）を動かし、その実現を図ることである。

そうした意味でも社長は目先の利益にこだわらない先を観たバランスの良い企業づくりをしていかなければならないのである。

（１）社長に問われる資質

社長に問われる資質はいろいろあるが、特に大事なのは次の３つである。

①判断力……意思決定判断できる客観的情報収集力と情報処理能力。
企業規模が大きくなるほどトップには現場情報が入り難くなり、意思決定の遅れやミスが発生しやすいので現場力（三現主義＝現場へ行って、観て、聴いて現実を把握）を常に磨いておく。
答えは常に現場が教えてくれるのである。

②決断力……リスク負って果敢に実行への決断をする能力。

実行への意思決定には常にリスクが伴う。これを恐れずに「常に懐に辞表を」でGOサインを出す覚悟が必要。

③実行力……決めたことは何があっても最後までやり通す能力。
どんな壁にぶつかっても、障害があっても不退転の決意を持ってビジョン達成をやり遂げる強い意志と行動力。
そして、それで結果を出せばステークホルダーの信頼を獲得でき好循環の経営が可能となる。

（２）社長の心得

社長業を全うするため留意すべき、心得として特に重要なものは以下の通りである。

夢は活力と創造の源泉

①社長は常に社員に夢と希望を与え、鼓舞すべし。

企業をどこへどう持って行こうとしているのか、夢を描きワクワク、ゾクゾクするようなビジョンを示し、社員に夢と希望を持たせ、やる気を引き出さなければならない。

率先垂範は信頼と団結の源

②社長は常に率先垂範で行動し社員の範となるべし。

「隗より始めよ」で社員に求める前に社長自ら言行一致を図るべし。社長は自らブレークスルーし、常に挑戦的で、社員の倍働く気構えが不可欠である。

さらに、コーポレートガバナンスを機能させるため、社長は自らコンプライアンスを遵守し、範を垂れなければならない。

公平さは働き甲斐の命綱

③社長はダイバーシティを尊重し、かつ全てに公平であるべし。

企業内にダイバーシティ（多様性）があれば活力が湧き、創造的になり新しい価値を生む。そのダイバーシティを活かすのは部門、部署やそこに働く社員の国籍、役職、性別、経歴、価値観等に関係なく、陰日なたをつくらない社長の公平なサポートである。

④社長は財務諸表に強くなり、お金を人任せにする事なかれ。

何といっても企業成り立ちの根本は「お金」である。お金は人任せにせず、その動きには常に目を光らせるべし。

帳簿とお金の見える化は
健全性のバロメーター

お金を有効に活用するため、そして不祥事を起こさないためにも、お金の動きを示す財務諸表のキーポイントを読み解く知識は習得しておくべし。

さらに、社長は善管注意義務を守り、特にお金に絡む案件には常に注意を払い潔癖でなければならない。

⑤社長は企業におけるあらゆる結果の責任を取るべし。

企業収益のみならず企業経営にかかわるすべての結果については社長が責任を取らなければならない。

結果責任は社長業の根幹

管理者は「実行責任」、経営者は「結果責任」と言われる所以はここにある。

社長は最後の砦。後を支える者はいないわけで、自ずとその仕事は常に真剣勝負となり、相当の「覚悟」が必要である。

大企業で不祥事などが起きると、社長が現場のことなので知らなかった、等などと弁明する報道場面を散見するが、社長としての任を果たしていないと言わざるを得ない。

また、社長として永くその地位にいると裸の王様状態に陥りやすいので出処進退を常に頭に置き、後継者を育てる等、緊張感を忘れず、なすべきことをなさなくてはならない。

（３）社長を目指す資質の自己チェック

将来社長を目指す際に必要な自分の資質について、自己評価し、低い評価項目（１～３）について改善するために何を為すべきか、考えてみよう。

①課題解決を要するときは必ずそれに関連する川上、川下の現場に行き、観て、聴いて、情報を収集、それを判断に有効活用している。

１．そうしていない　２．時折そうしている　３．どちらとも言えない
４．ほとんどしている　５．常にそうしている

１～３の場合、今後どうする？

----

②重要な案件を決定するとき、大きなリスクを伴うことが分かった場合でも、避けず自分の責任で決めている。

１．そうしていない　２．時折そうしている　３．どちらとも言えない
４．ほとんどはそうしている　５．常にそうしている

１～３の場合、今後どうする？

----

③決めた実行策については、難しさや障害があっても最後までやり遂げている。

１．そうしていない　２．時折そうしている　３．どちらとも言えない
４．ほとんどはそうしている　５．常にそうしている

１～３の場合、今後どうする？

４．目的と手段の連鎖

「目的」とは「目指す成果」であり、「手段」とはそのための「手立て」である。企業にとって経営ビジョン達成は大きな目的であり、それに向けてのプロセスは、この目的（成果）と手段（手立て）の連鎖（展開）によって構成される。

（１）目的と手段の連鎖とは？

目的の達成という成果を得るためには、有効な手段が必要となる。

その目的が大きければ大きいほど手段は複数、かつ何段階も落とし込むことになる。そして、それぞれの上位手段は次の段階で下位手段の目的となり（手段の目的化）、その目的を達成するためにさらに下位の手段が必要になる、という連鎖が生まれる。

各段階の目的ごとに手段は複数策定されることになるが、目的達成に効果のあるものに絞り込みながら下位に落とし込んでいく、つまり具体化していくのが手段の展開である。

この連鎖（手段の展開）は手段が具体的な実行レベル（５Ｗ２Ｈで明確）に到達した段階で終わり、実行計画に落とし込まれる。

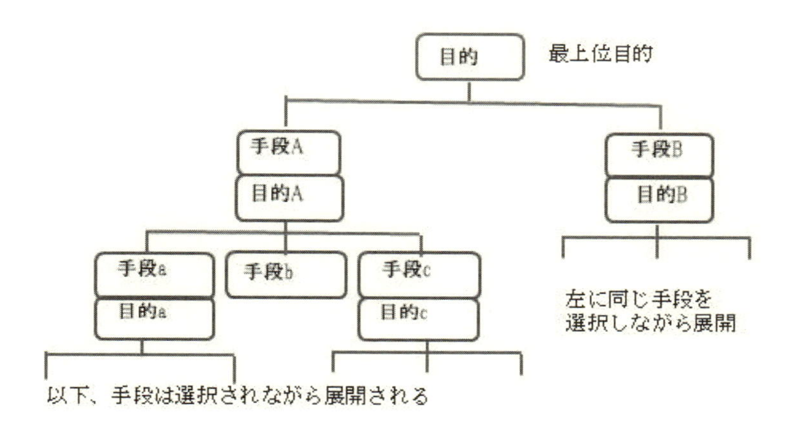

このケースでは手段ａ、と手段ｃを有効な手段として選定、さらに下位手段の目的として、さらなる手段の展開へ繋げる。

（2）経営ビジョンの目的と手段の連鎖例

目的と手段の連鎖を経営ビジョン達成の経営計画に当てはめてみると次のようになる。

経営戦略と戦術の例

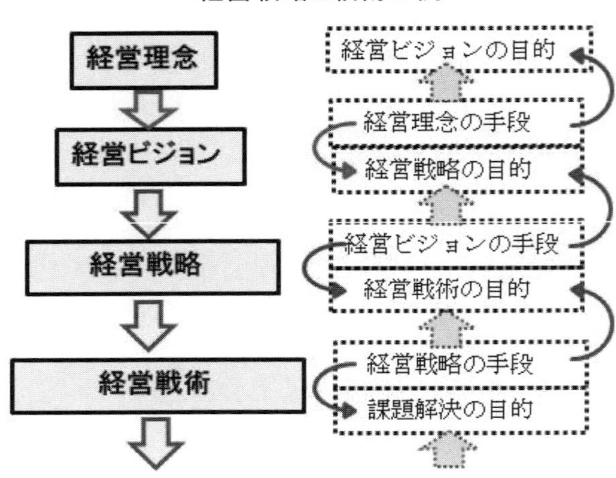

【解説】

・**経営理念**／企業の不変の存在価値観、企業信念⇒時の経過にかかわりなく、企業組織の判断基準や企業に属する社員の行動指針となるもの。ミッション（企業の存在役割）と呼ぶ場合もある。

例：「飲みもの」を進化させることで「みんなの日常」をあたらしくしていく。（キリンビールHPより）

・**経営ビジョン**／経営理念をもとに、企業の目指す姿を映像や数値で表したもの。社内外に企業の目指す姿をアピールするもの。

例：日本を一番元気にする、飲料のリーディングカンパニーになる。（キリンビールHPより）

・**経営戦略**／経営ビジョン実現に向けて、企業優位性確保を目指しての長中期的な定性的、定量的な方針や目標計画。

・**経営戦術**／経営戦略達成に向けて、経営資源をフル活用しての具体的方策。経営戦略達成に向けての課題とその取り組み方策。

（３）目的と手段の連鎖と確定の仕方

目的（求められる成果）と手段の連鎖（展開）は目的の大きさにもよるが実行レベルに落ちるまで何段階も連鎖し展開される。

実行レベルを確定するための方策の取り組み方ロジックは以下の通り。

①手段は目的が達成できそうな数だけ出す
目的達成にこの手段Ａは有効か？
YES⇒実行できる具体的レベルか？
YES⇒5W2Hに落とし込んで実行へ。
NO ⇒さらなる掘り下げが必要なので手段Ａが下位手段の目的に設定し直す。
一方、効果が薄い手段は中止。
NO ⇒手段Ｂは、保留し、さらに目的達成が可能になるまで有効な手段Ｃ、Ｄと洗い出す。

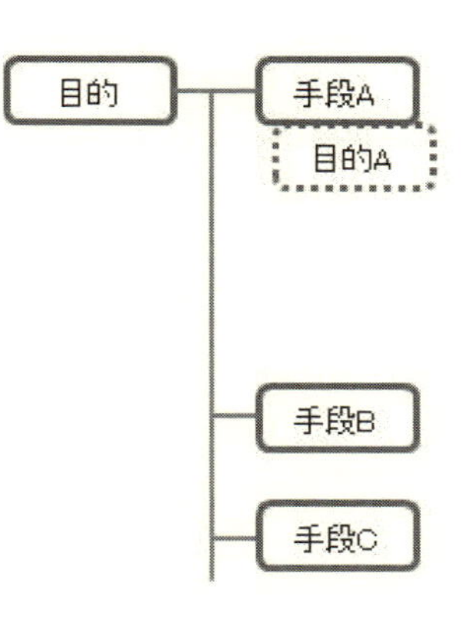

②出尽くした手段の確定はウエート（W）付けして決めると良い

手段	効果性	実行可能性	優先順位(有×実)	採否
A	○（6）	○（　7）	2（４２）	採用
B	△（3）	◎（１０）	3（３０）	条件付採用
C	×（1）	△（　4）	4（　4）	不採用
D	◎（10）	○（　6）	1（６０）	採用

（注）W 付は最も優先すべき手段を１０とし、それに比した相対評価。

＊目的と手段の展開例

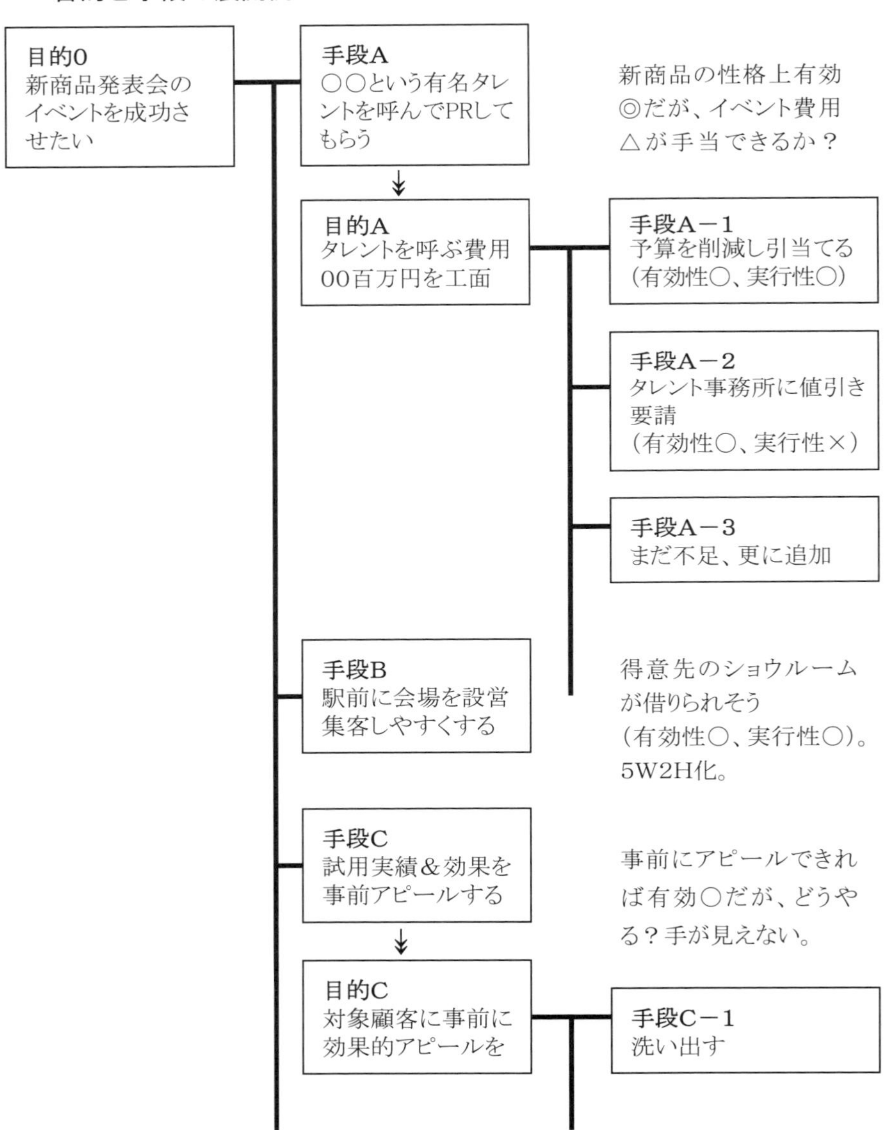
目的0
新商品発表会のイベントを成功させたい
手段A
○○という有名タレントを呼んでPRしてもらう
新商品の性格上有効◎だが、イベント費用△が手当できるか？
目的A
タレントを呼ぶ費用00百万円を工面
手段A－1
予算を削減し引当てる
（有効性○、実行性○）
手段A－2
タレント事務所に値引き要請
（有効性○、実行性×）
手段A－3
まだ不足、更に追加
手段B
駅前に会場を設営集客しやすくする
得意先のショウルームが借りられそう
（有効性○、実行性○）。
5W2H化。
手段C
試用実績＆効果を事前アピールする
事前にアピールできれば有効○だが、どうやる？手が見えない。
目的C
対象顧客に事前に効果的アピールを
手段C－1
洗い出す

（４）目的と手段の連鎖、取り組み演習

身近で簡単な目的を設定してそれを達成すべく手段を洗い出してみよう。

①目的の候補選定（どんな目的＝得たい成果）

１.

２.

３.

②目的と手段の連鎖（展開）

①で選定した目的から１つだけ選んで二段階まで表を埋めてみよう。

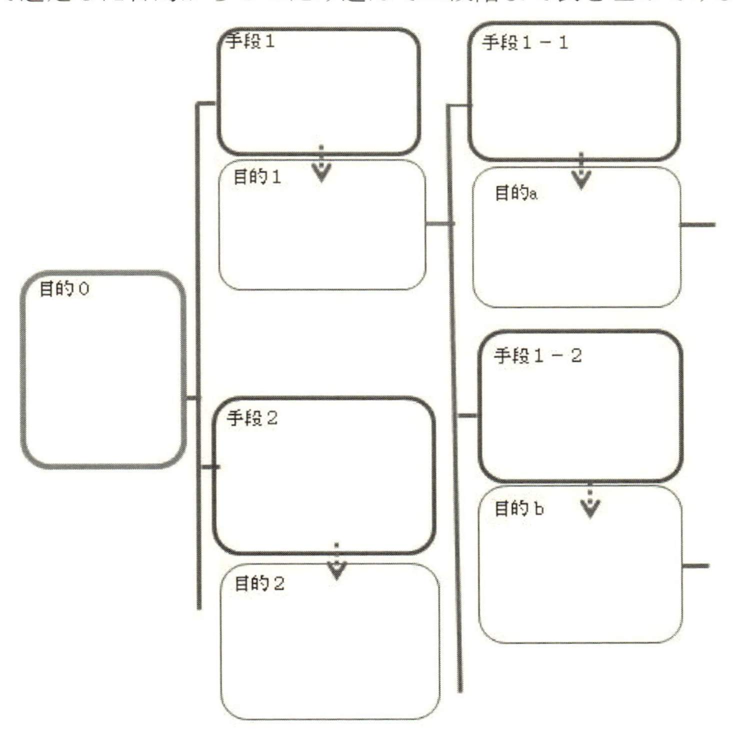

2．強いチームを創る勘所

ビジョン実現に向けての取り組みは、企業組織が一体となって課題に取り組むことによってはじめて成果が得られることになる。

その要件は強いチーム創りをすることに他ならない。

そして、その強いチームを創るには勘所をしっかり押さえる必要がある。

1．リーダーシップ

強いチームを支えるのは高いモチベーションに裏付けられた、リーダーやチームを構成するメンバー一人ひとりのリーダーシップである。

（1）リーダーシップとは何か？

リーダーシップとは、「チームが与えられた課題を期待に応える結果を出すため、その方向へ動かすために発揮されるリーダーやメンバーによる強い影響力」である。

①リーダーの発揮するリーダーシップ

チームのリーダーとして位置付けられたリーダーのリーダーシップは、「チーム全体の方針や戦略・ビジョンを明確に示し、その方向に向けてチームを動機づけ（高いモチベーション）し、まとめ、動かす強い影響力（提示、統制、支援等）」である。

②メンバーの発揮するリーダーシップ

チームの一員として「チーム全体の方針や戦略・ビジョンを十分に理解し、その方向に向けて自らを動機づけ（高いモチベーション）し、状況により積極的に発揮する強い影響力（提案、アイデア、意見、支援等）」である。

リーダーシップは組織やチームのリーダーが持つのはもちろんのことであるが、構成する全員が持ち得る、いや持たなければならないものである。

これによりチームは活性化し、課題達成への大きな推進力となり、良質な結果と、組織としての財産も創ることに繋がり、強いチームの要件である。

Ｐ.Ｆ.ドラッカーはリーダーの行使するリーダーシップについて、次の３つの言葉で定義づけしている 。

❶ リーダーシップは資質ではなく「仕事」そのものである。
（ビジョン、目標、条件を定めその維持、行動をする）
❷ リーダーシップは地位や特権ではなく「責任」である。
（メンバーの行動を支援しながら、責任を持つ）
❸リーダーシップは「信頼」である。
（メンバーに対し責任を持ち、信頼が得られ、メンバーがついてくる）

しかし、これはリーダーのみならずチームメンバー一人ひとりにも当てはまる定義であり、活用できる。

（２）リーダーシップ発揮のかたち

具体的にリーダーシップを発揮のかたちは自分を起点に考えると以下の３つであり、それぞれ効果的に発揮するポイントを押さえる必要がある。

①上へ（部下、後輩へ）
②下へ（上司、リーダーへ）
③横へ（同僚、メンバー、関係先へ）

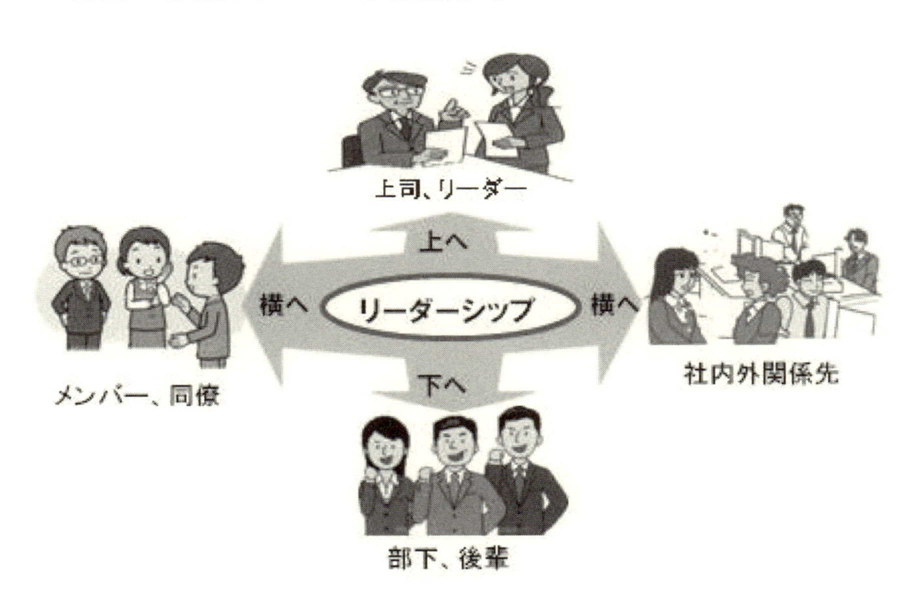

①上に対してのリーダーシップ発揮のポイント
＊計画的かつ段階を踏んだ提案
＊ストーリー性とマインド（強い意志と熱意等）のある提案、意見具申
＊今までにない創造性、革新性のある提案
＊日ごろからの接触により上が飲みやすい切り口でのアプローチ
②下に対してのリーダーシップ発揮のポイント
＊目標、ビジョン、狙い等計画の明確かつ強い意志を持って提示
＊計画達成のための方法等は最小限の提示
＊下からの意見具申や支援の採用、評価を積極的に
＊率先して行動し、チームに対して責任を負う
＊スタイル（注：専制的、民主的、放任的）を柔軟に使い分け
（注：アメリカの心理学者K.レヴィン提唱のリーダーシップスタイル）
③横に対してのリーダーシップ発揮のポイント
＊組織的に持つ機能（経営方針、権威等）を活用
＊人間関係（自らつくる、関係者の援助）の活用
＊相手の利益や自らの熱意・誠意の訴求
＊メンバーや関係先への積極的な日ごろのサポート

（３）構成メンバーのリーダーシップ発揮促進策

チームを構成するメンバー一人ひとりにリーダーシップを発揮させることは一朝一夕にはできないが、組織としてその条件を整え、そう仕向けることはやらなければならない。

①リーダーシップの定義、意味、必要性の再構築
リーダーシップはリーダーだけのものではなく、一人ひとりに課せられた、課題達成の為の「仕事」「責任」「信頼」（P.F.ドラッカー）である、ことの再認識。
②リーダーシップ発揮の環境づくり
＊チーム運営を任せて観る（リーダー役の体験）
＊会議等のルールを創造的、革新的に変える
＊リーダーシップの発揮に称賛を与える
＊多様性（組織横断的）のあるチーム作りをする
＊リーダーシップ発揮に必要なノウハウの取得支援をする

（４）自分のリーダーシップスタイルを知る

リーダーシップを効果的に発揮し、チーム貢献するにはまず自分のリーダーシップスタイルに気付き、その強み、弱みをコントロールする必要がある。

リーダーシップスタイル論はいろいろな説があるが、ここではアメリカの心理学者Ｋ.レヴィン提唱のリーダーシップスタイルを引用して自分のリーダーシップスタイルを簡便な方法で観てみよう。

①リーダーシップスタイル質問

次の質問に行動しているレベルを数字で［　　］内に答えて下さい。

〈自己評価レベル〉
１：ほとんどそうしていない　２：あまりそうしていない、
３：時々そうしている　４：かなりそうしている　５：いつもそうしている

１）目標やスケジュール、進め方は自分で決める	
２）目標やスケジュール、進め方はメンバーに委ねる	
３）目標やスケジュール、進め方はメンバーの意見を採り入れ決める	
４）チームの活動に対して積極的に指示を出し生産性をあげる	
５）チームの活動に対してほとんど指示は出さず任せる	
６）チームの活動に対しては話し合いを尊重して進める	

②リーダーシップスタイル観察グラフ

記入したレベル数値を次のグラフに合計点で塗りつぶしてみよう。

10			
9			
8			
7			
6			
5			
4			
3			
2			
1			
	1)+4)・専制的	**3)+6)・民主的**	**2)+5)・放任的**

この結果、グラフでK.レヴィンの提唱するリーダーシップスタイルのどのスタイル傾向にあるか、ある程度知ることができる。

それを意識して、使い分けをすることにより、チームが活性化され生産性の高いチーム活動ができ課題達成への近道となる。

（5）K.レヴィンのリーダーシップスタイルとは？

K.レヴィンの提唱するリーダーシップスタイルは以下の通りで、彼は次の❸の民主的リーダーシップスタイルが中心で、他の二つは状況により使い分けすることが望ましいとしている

民主的を核に状況に応じ使い分けるのが肝心

❶ 専制的リーダーシップ

チームとして必要な目標設定、スケジュール、課題解決方策等リーダーが中心となって行う。 **未成熟なチームや緊急時、急ぐ時に有効**

❷ 放任的リーダーシップ

チームとして必要な目標設定、スケジュール、課題解決方策等にリーダーはあまり関与せずメンバーの自由な発想とやり方に委ねる。 **専門性やレベルの高いチーム、期待以上の進捗時に有効**

❸ 民主的リーダーシップ

チームとして必要な目標設定、スケジュール、課題解決方策等にメンバーの意見を採り入れ、具体的やり方はメンバーの裁量に委ねる。 **参加感の高揚、意見の吸い上げ、チームの活性化に有効**

その他にもリーダーシップスタイルに関しては、次のような説もあるので、観点を変え、さらに深めることも出来る。

○ＰＭ理論（社会学者　三隅二不二：みすみじゅうじ）
課題関連行動（Performance function）と対人関連行動（Maintenance function）を４つの類型で説明したもの。
○マネジメント・システム論（アメリカ・ミシガン大学：リカート）
組織をシステムととらえ、業績と構成員のモチベーションの相互関係を４つの類型で説明したもの。
○マネジリアル・グリッド論（アメリカ・テキサス大学：ブレーク＆ムートン）
人間への関心度と業績への関心度の２つの関心度から５つに類型化し説明したもの。

２．チームワーク

強いチームの特徴は「リーダーシップの発揮」とメンバー個々の力の足し算ではなくメンバー同士が相互に刺激し合う連携のもとに新しい価値を生み出す「チームワーク」にある。

（１）チームワークとは何か？

チームワークとは「共通の目標達成に向けて各メンバーが自らの役割を果たすと共に、かつ相互に刺激し合い（連携、協業）新しい価値を創造し、個々人では為し得ない大きな成果を出す、強い意志と行動」のことである。

従って、チームワークは単なる個々の力の統合や、仲良くやる（仲良しクラブ）ではなく、厳しいが、価値があり、イノベーションが期待できる達成感が大きい活動のことである。

チームワークは新しい価値を創造し目標達成への近道

甲子園を目指す高校野球チームに例えるなら、打者なら１番から９番まで、守りでは投手から捕手、他７人の野手までそれぞれメンバーの果たすべき役割がある。

それは、密な連携（「フォア・ザ・チーム」）の中でその役割をキチンと果たすことで、一戦一戦を戦い、勝利を獲得、甲子園へ道を切り開いていく、ということである。

例えて言うなら１番打者はとにかく塁に出る、２番打者は何としてでも走者を２塁に進める。そして３番、４番打者はそれを返す、という役割と連携により効率よく得点することができるのである。

一人ひとりにどんなに力があっても連携なしには勝てないのである。

スーパースターを揃えたどんなチームでもこの「フォア・ザ・チーム」のスピリットが欠如していると勝ち続けられないのはそのためである。

さらに、勝ち進むたびに強いチームと当たるので、メンバー同士が「ドンマイ精神」を排し切磋琢磨して役割機能を強化し、かつ連携の密度を濃いものにするなど、メンバーとチームの力を高度化していく努力が求められる。

この他にも控えの選手がいる。控えの選手も、勝利という目標のために出ている選手をバックアップ、自分の出番を想定し怠りなく準備しておく。

フォア・ザ・チームが勝利を呼ぶ

こうした目標達成に向けたメンバー一人ひとりの強い意志と血のにじむような努力、そして「フォア・ザ・チーム」スピリットの積極的連携があって甲子園の晴舞台を迎えることができるのである。

（２）チームワークに必要な要件

前述の例でも分かる通り、チームワークが機能するには基本となる次のような４つの要件が必要となる。

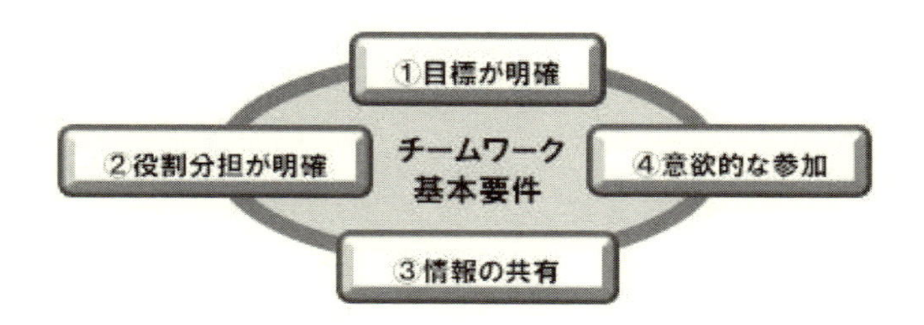

①第一要件：目標が明確である

　メンバー全員にチームが目指す共通の目標を明確に示し、かつ心底より共感、共有化されることにより、チームを一枚岩にする。共感レベルに至るまでにはお互い納得できるまでの議論が必要である。

　この結果、目標はチームの柱であり、メンバーの拠り所となり、これがあればチームとしてブレることはなく、例えブレたとしてもすぐに軌道修正が可能となる。

②第二要件；役割分担が明確である

　メンバーの一人ひとりの「何を、期待され、何を為すべきか？」基本的な役割分担を明確にすることにより、その領域で全力投球が期待でき、目標に向けての生産的活動が期待できる。

　また、メンバー個々の存在価値が理解できれば、相互にサポートし合える関係ができ相乗効果でレベルの高いアウトプットが期待できる。

③第三要件：情報が共有化されている

　チームが共通の目標に向かって効率よく活動するには、メンバーお互いの計画、取り組み＆進捗状況、成果等の情報をチーム内でオープンにし共有しておく必要がある。

　これがあれば、チーム活動のムリ、ムダ、ムラは防ぐことが出来、かつ、相互に指摘したり、支援したりが容易となり相乗効果は高まる。

　そのためにも、チーム会議だけでなく日ごろから「報・連・相」に心がけ相互の理解と信頼を高めチーム活動を円滑にすることが大事である。

④第四の要件：意欲的に参加をする

　役割分担が決められれば、まずその役割を積極的に果たすことはもちろんとして、チームのメンバーである以上、チームの目標達成に有効なことであれば役割分担を超えて活動することも必要になってくる。
なぜなら、チームの目標が高ければ高いほどメンバーの役割分担も大きなものになっており、それを全うするのは容易ではない。自ずと他のメンバーの力も借り、また、提供もしなければならない。
さらに、新しい価値を創造するためには妥協することなく、納得できるまで火花の散る激論を交わす等、このレベルまでの積極的、意欲的なチームへの参加行動がメンバーには強く期待されているのである。

（3）チームワーク要件充足度状況自己チェック

以下のリストは、各要件から２つ重要なアイテムを抽出したチームワーク要件充足度状況をチェックするもの。自分が主催するチーム又は所属するチームの要件充足度をグラフにして観て、問題を２つ選んで対策を考えてみよう。

０・不満足　１・かなり不満　２・どちらかと言うと不満
３・どちらかと言うと満足　４．かなり満足　５．満足

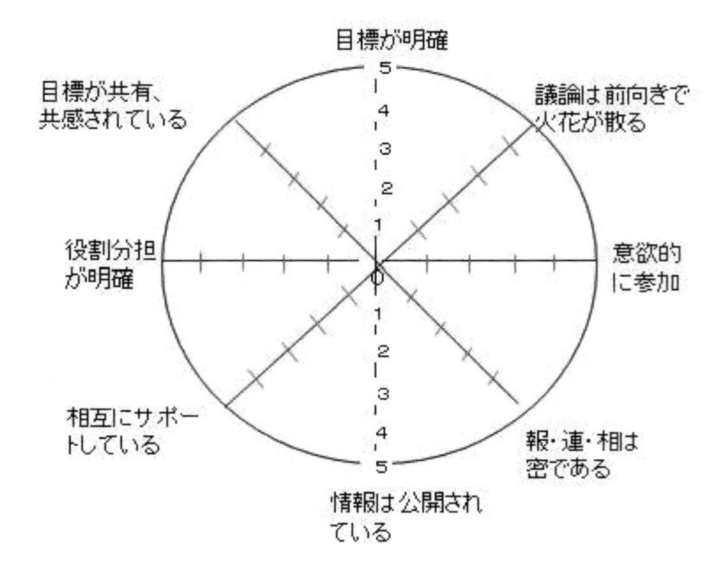

	問　題	要　因	対　策
1			
2			

3．チームビルディングのポイント

ビジョンの実現は高い目標であり、その達成にはチームが一丸となって果敢に挑戦する一枚岩の炎の集団とならなければならない。

そのチームづくりのためのステージとしてチームビルディングがある。

（1）チームビルディングとは？

チームビルディングとは「チームのメンバー全員が共通の目標を理解、共感し、思いを一つにして迷いなく目標達成に挑戦していく集団づくり」のことで、プロセスや達成イメージが映像に浮かぶ夢のあるレベルまで高めることが求められる。

チームビルディングはプロジェクトなどでは以下の図のステージに設定される最も重要なステージである。このチームビルディングはプロジェクトに限らずチーム活動の初期段階で設定され、以降の活動を円滑に、かつ生産的に行うため欠かせない。

チームビルディングはチーム活動の成否を決める

チームビルディングはチームの目標が高ければ高いほど、あるいはメンバーが部門、役職、性別、考え方等の異なるクロスファンクショナル（多様な人の集まり）なほどの時間も手間もかかるが、これが上手くいけば目標達成が一気に近づくことになる、欠かすことのできない、手抜きの許されない重要なステージである。

（２）チームビルディングの目的

チームビルディングの目的とその達成方法は次の通り。

①メンバーの意思統一

課題提示者から提示された目標、背景、期待、思い、条件等の理解と共有化を図る。

この場合、徹底した議論が必要で、メンバー全員が納得し、映像化できるレベルまで続ける。

行き先は見えた、後は任せろ！

さらに、目標のマイルストーン化、条件、進め方等についてはメンバー同士で議論し、その織り込みを課題提示者とすり合わせをすることが重要。

これは、例えメンバー一人ひとりの主義主張が異なっていてもチームとして一致させなければならない、譲れないところである。

これにより、課題提示者とメンバー同士の意思統一が図られ、チーム内のモチベーションは高くなる。

②メンバー同士の良好な関係づくり

チームメンバー同士一緒に目標達成に向けて取り組むため、お互いを良く知り合い、一人ひとりの個性を大事にしながらも、忌憚のない議論が出来る協働関係を築かなければならない。

ドンマイのない協調で頑張ろう！

そのために必要なら、環境を変えての議論、研修でのワークショップやゲームなども織り込む。

③チームルールの構築

チーム活動を円滑に、かつ効率よく進めるための心構え等の規範や討議などルールを構築する。

この場合、ルールづくりはメンバー同士の徹底した議論と合意のもとにつくることが大事であり、また、これらはチーム活動に制約を加えるものであってはならない。

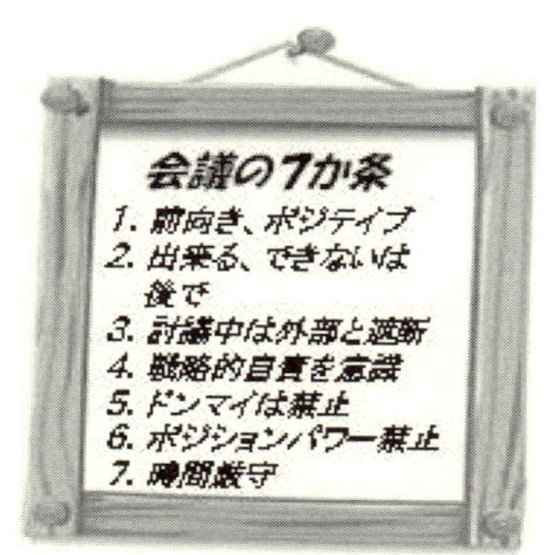

これがあればブレないぞー！

（３）チームビルディング自己チェック

自分の所属するチームを意識して、このチームビルディングがどの程度行われたか、また、行おうとしているか自己チェックして、改善したい点があればその対策を考えてみよう。

	１（不満足） ⇔ ５（満足）				
①チームの意思統一のため目標、背景、期待、思い、条件等を理解、共感するレベルまでの議論はあったか？	１	２	３	４	５
②チームメンバーによる課題提示に対する、再整理の議論がなされ映像化できるレベルになったか？	１	２	３	４	５
③メンバー同士が相互の理解を深めるための忌憚のない論議はあったか？	１	２	３	４	５
④メンバー同士知り合うための研修やゲームなどの手立ては講じたか？	１	２	３	４	５
⑤チーム活動円滑化のための独自の規範やルールは作られているか？	１	２	３	４	５

⑥チーム活動活性化につながるようメンバー全員が参画し、合意した規範やルールになっているか？	1　2　3　4　5

評価点を次の集計欄に合計点と満足度を記入し、低い場合はどこに問題があり（改善点）、今後どう対応するか（対策）を考えてみよう。

合計　　　点／30点　（満足度　　　%）

【チームのビルディング改善対策】

改善点	対　策
1．	
2．	

４．目的展開でブレークスルー

チームとして課題に取り組むとき、何のためにやるのか、常に上位の目的を意識して、やがてビジョンの実現につながるような取り組みが必要である。

（１）目的展開とは何か

強いチームには、与えられた課題解決はもちろんのこと、それにとどまらないブレークスルー（難関突破、大きな躍進）した、創造的、革新的な課題解決が求められる。

そのために活用されるのが「目的展開」である。

「目的展開」とは「目的の上位目的、さらにその上位目的と展開していくことで究極的目的を探求して、チームとして取り組む目的レベルと方向性を確認し、高いレベルの課題解決方向を目指す、ブレークスルー思考」のことである。

この「目的展開」は創造的、革新的なビジネスイノベーションを生みやすいチーム活動の入口ともなり、より高いレベルの成果につながるものである。従って、前項のチームビルディングと連動して目的展開を行うとチームの目指す方向について意思統一しやすくなる。

（２）目的展開の進め方

目的展開は、①目的展開の手がかり選定、②目的展開、③達成すべき目的レベルの設定、の順で行う。

①目的展開の手がかり選定

チームが取り組むべき課題の中から手がかりとなるものをいくつか出してメンバー全員で意思統一して選定する。

手がかり選定にあたっては、入口は小さくても目的展開していくとほとんどが上位レベルでは同じになるので、あまり厳密に考えず、以下のような基準を活用して、気楽に選定する。必要なら複数選定してみるのもよい。

【手がかりの選定基準】

A．課題の中で最も困っていること

B．身近なもの又は事象で具体的なもの

C．経営ビジョンに繋がりそうなもの

②目的展開

手がかりを元に、「何を（どんなことを）」、「どうしたい（結果どうなりたい）」と、名詞＋動詞を中心に、「その目的は？」と何回も問いながら次の例のように上位目的を追い求めていく。

【目的展開例】

車を借りる　⇐………手がかり
　↓　その目的は？
家族で旅行に行く
　↓　その目的は？
家族で一緒に遊ぶ
　↓　その目的は？
家族共通の思い出をつくる
　↓　その目的は？
強い絆で結ばれた家庭をつくる
　↓　その目的は？
近隣家庭と良い関係をつくる
　↓　その目的は？
住みやすい地域社会をつくる

【目的展開の留意点】

a．飛びやすいので注意（じわじわと目的を上げる）。

b．形容詞は極力避ける（どうしてもの場合のみ使う）。

c．各段階の表現は何をしようとしているのか分かる明確な表現に。

d．「こうなりたい！」という意欲が出るように。

e．目的が同列で複数に分かれる場合重要目的に絞り展開。

【目的の適正チェック】

この目的は下位の目的が達成できれば、出来そうか、必ずチェック。つながらなければ目的にヌケ落ちがある可能性あり。

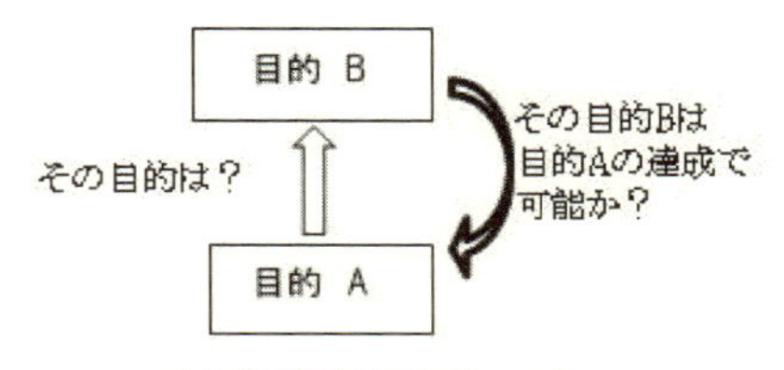

目的の連鎖適正チェック

③達成すべき目的レベルの設定

メンバー全員で、どのレベルの目的を達成したいのか、意思統一しながら、目的レベルを決定する。

同時に決定された目的レベルがチームの狙い（問題解決、課題解決、将来期待される課題解決、画期的な結果等）を達成できるかどうか、チェックが必要である。

【目的レベルの設定事例】

背景：ミスの多い商品変更通知（改善テーマ）

❶ 車修理部品変更情報　⇐…………　手がかり
　↓その目的は？
❷ 部品変更を確実に補足できる　……⇒目的展開がなければこのレベルでミスの改善程度に止まった
　↓その目的は？
　===
　↓その目的は？
❸ 部品が必要な時に入手できる
　↓その目的は？
❹ 即時車の修理ができる
　↓その目的は？
❺ 車の機能が復元できる
　↓その目的は？
❻ サービス良さで満足をしてもらえる……目的設定レベル
　↓その目的は？
　===
　↓その目的は？
❼ 車を買い代えしてもらえる
　↓その目的は？

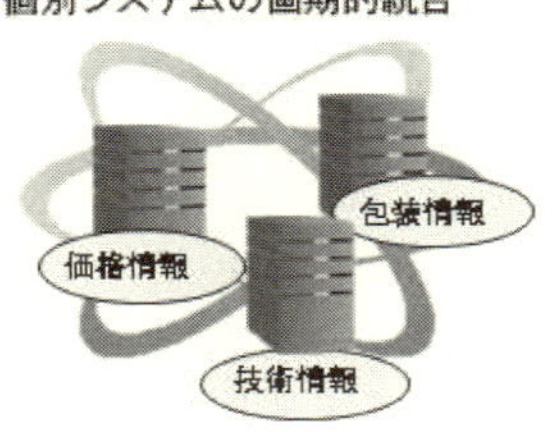

これは後に世界初の画期的自動商品検索システムを生むことに繋がった

【目的設定の留意点】

a．実現可能性があるなら出来るだけ高いレベルの目標を選ぶ。
（一度に無理なら第一次、第二次とステップを刻むことも可）

b．低いレベルほど具体性や実行性はあるが、効果は少ない。

c．各段階の表現は何をしようとしているのか分かる明確な表現に。

d．現在あるシーズ（技術、ノウハウ、材料等）だけにこだわらない。
（こだわるとレベルは低くなる。出来る、出来ないは後にすること）

e．低いレベルで設定せざるを得ない場合は「I shall return !」を忘れず。

f．夢実現のために果敢に挑戦する気持ちで設定する。

（3）目的展開をやってみよう

自分にとって身近なテーマをもとに目的展開をやってみよう。

①テーマ：＿＿＿＿＿＿＿＿＿＿＿＿＿＿＿＿＿＿＿＿

②❶ 手がかり（入口）：＿＿＿＿＿＿＿＿＿＿＿＿＿＿＿

↓その目的は？

❷ ＿＿＿＿＿＿＿＿＿＿＿＿＿＿＿＿＿＿＿＿

↓その目的は？

❸ ＿＿＿＿＿＿＿＿＿＿＿＿＿＿＿＿＿＿＿＿

↓その目的は？

❹ ＿＿＿＿＿＿＿＿＿＿＿＿＿＿＿＿＿＿＿＿

↓その目的は？

❺ ＿＿＿＿＿＿＿＿＿＿＿＿＿＿＿＿＿＿＿＿

↓その目的は？

❻ ＿＿＿＿＿＿＿＿＿＿＿＿＿＿＿＿＿＿＿＿

↓その目的は？

❼ ＿＿＿＿＿＿＿＿＿＿＿＿＿＿＿＿＿＿＿＿

↓その目的は？

❽ ＿＿＿＿＿＿＿＿＿＿＿＿＿＿＿＿＿＿＿＿

5．現場主義の心で潜在情報掘り起し

「現場主義」は、ビジョン実現のための「課題解決のヒントや答えは現場にある」との認識に立ち、現場を重視するという考え方とアプローチである。

（１）現場主義は課題解決の基本スタンス

「現場主義」は、課題解決をしようとする経営者、マネージャー、チームにとって判断、決断、実行を適正かつ有効に行うための基本である。

ここでは課題解決チームの「現場主義の心」について考える。

現場は事実情報の宝の山

京セラの創業者である稲森和夫さんの「現場主義」が大いに参考になるので引用紹介する。

> ものづくりの原点は製造現場にあります。営業の原点はお客様との接点にあります。何か問題が発生したとき、まず何よりもその現場に立ち戻ることが必要です。現場を離れて机上でいくら理論や理屈をこねまわしてみても、決して問題解決にはなりません。
>
> よく「現場は宝の山である」と言われますが、現場には問題を解くための鍵となる生の情報が隠されています。絶えず現場に足を運ぶことによって、問題解決の糸口はもとより、生産性や品質の向上、新規受注などにつながる思わぬヒントを見つけ出すことができるのです。
>
> 稲盛和夫 OFFICAL SITE より

（２）三現主義の活用

現場主義の実践にあたっては「三現主義」を貫くことが肝要である。

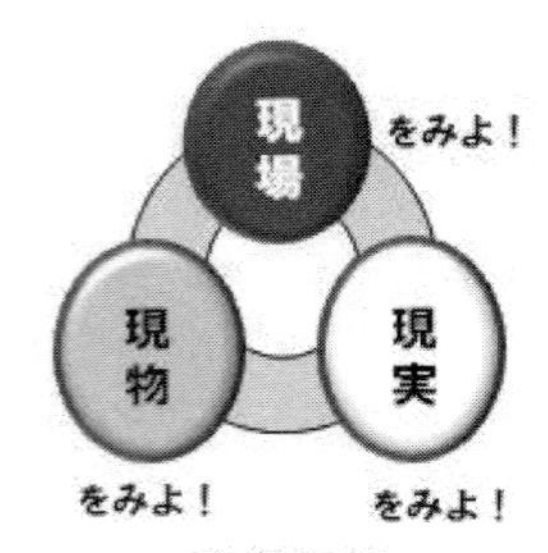

「三現主義」は、課題解決しようとする者が、不平不満や苦情のある現場、意見や要望のある製造や販売の現場等で問題、課題解決やニーズ発掘を必要とするとき、「現場にすぐ行って」、「現物（現状）を観て、聴いて（声なき声も）」、「現実を把握（現実やニーズを知る）」ことにより、判断決断を間違いのないようにすることにある。

特にトップ層やリーダー層、プロジェクトチーム等はこの「現場主義の心」を強く意識した動きをしないと、情報が入りにくくなる上、また情報が入ってきたとしてもゆがんだりしていては現実的でない誤った判断等を招きやすく、結果として机上の空論に陥りやすいのである。

【三現主義のエリア別対応例】

	製造	営業	職場
現場	工場、検査場 問題発生の場所等 にすぐ行く	販売の現場や お客様のところ へすぐ行く	不満、要望、問題 発生のある職場 へすぐ行く
現物	製品、商品の 現物を実際に観て 関係者に聴いて	何が起こって いるのか、観て、 お客様や関係者 に直接聴いて	何が起こって いるのか、観て、 現場社員や関係者 に直接聴いて
現実	何が起きたのか、 何が問題なのか、 その事実と対策 のヒントを掴む	何が起きたのか、 何が問題なのか、 その事実と対策 のヒントを掴む	何が起きたのか、 何が問題なのか、 その事実と対策 のヒントを掴む

（３）現場主義の２つのアプローチ

チーム活動による現場主義のアプローチ方法は、次の２つである。

①課題解決チームが自ら判断や意思決定のために行うアプローチ

これはチーム自身が現場の実態を把握することで課題解決の背景、ニーズ、方向等を明確にし、自信を持って判断、決断、実行するためのアプローチ。

②課題解決の一部を現場に任せ、現場が自ら動くアプローチ

これは、現場の実態を把握する中から現場に任せられるテーマを判断、決断し、現場自身に実行してもらうためのアプローチ。

これにより現場の意欲や活力を高めることが出来、課題解決が容易になる。

ただし、現場に権限や実行を委譲したとしてもチーム（あるいはトップマネジメント）の責任は残ることを忘れてはいけない。

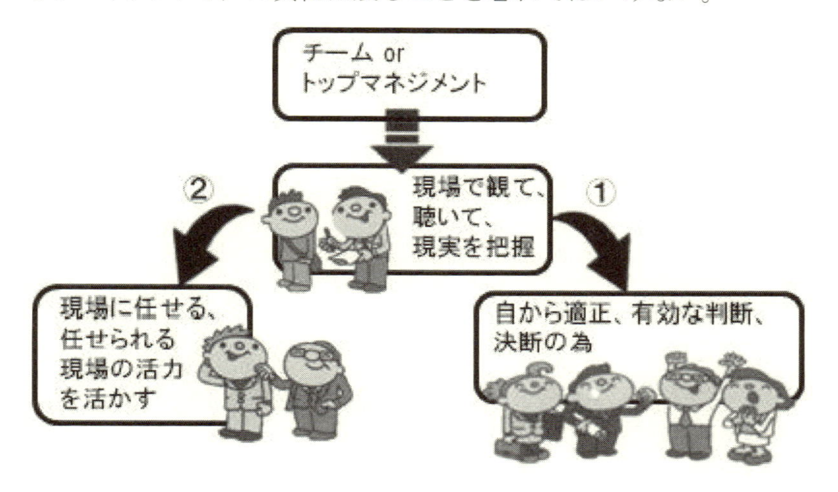

昨今、「現場第一」とか「現場主義」と言いながら現場に行かないトップマネジメントがいるが、結果として裸の王様になり、誤った経営判断で企業業績を危うくし、現場の活力を奪い、自らの進退問題に発展するケースも散見される。

これらはまさに「現場主義の心」が失われている結果に他ならない。

（4）自分の現場主義を振り返ってみよう

あなた自身がどの程度「現場主義」で問題や課題の解決に取り組んできたか、下記の質問ステップを踏んで考えてみよう。

Ｑ１．あなたは問題や課題解決の際「現場主義」を意識して動いたか？
　　ＹＥＳ　⇒　Ｑ２　へ　　　ＮＯ　⇒現場主義や三現主義の理解と意識再徹底

Ｑ２．あなたは「現場主義（または三現主義）」で動き、問題や課題の実態を直接把握していたか？
　　ＹＥＳ　⇒　Ｑ３　へ　　　ＮＯ　⇒　Ｑ４へ

Ｑ３．あなたの「現場主義（または三現主義）」で実際に問題や課題解決のため取り組んだ代表的事例を一つ上げてみよう。

テーマ：＿＿＿＿＿＿＿＿＿＿＿＿＿＿＿＿＿＿＿＿

①行った現場は どこだった？	
②現場で何を観て、 何を聴いたか？	
③何があったのか？ 何が実態なのか？ 対策のヒントは？ 明らかになった？	

Ｑ４．あなた自身は「現場主義」を今後どう取り組んでいくか考えよう。

＿＿＿＿＿＿＿＿＿＿＿＿＿＿＿＿＿＿＿＿

＿＿＿＿＿＿＿＿＿＿＿＿＿＿＿＿＿＿＿＿

６．仮説⇒検証で大きな変化を速く創る

ビジョン実現にはさまざまな課題や問題の解決が求められる。しかも、ビジネス環境変化のスピードは速く、答えを迅速に出すことが求められている。

この課題や問題の大きさに関係なく、それにこたえられる解決の方法が「仮説⇒検証」アプローチである。

（１）仮説⇒検証とは？

仮説⇒検証とは、問題解決や課題解決の際、答えを先に出して（①仮説）、実験や情報（データ）収集、分析をし、その真偽を確かめる（②検証）プロセスのことである。

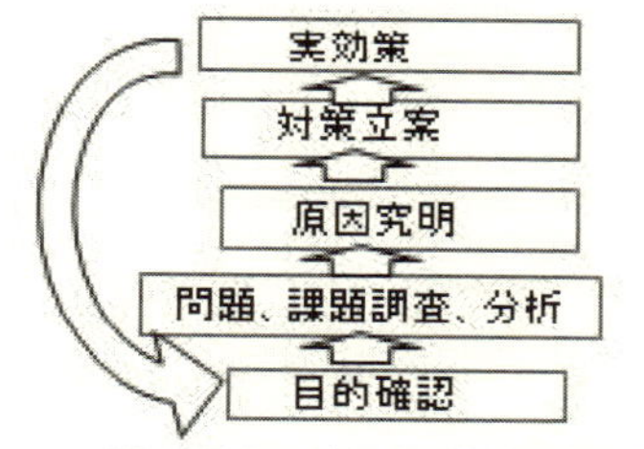

一般的プロセス（積み上げ型）

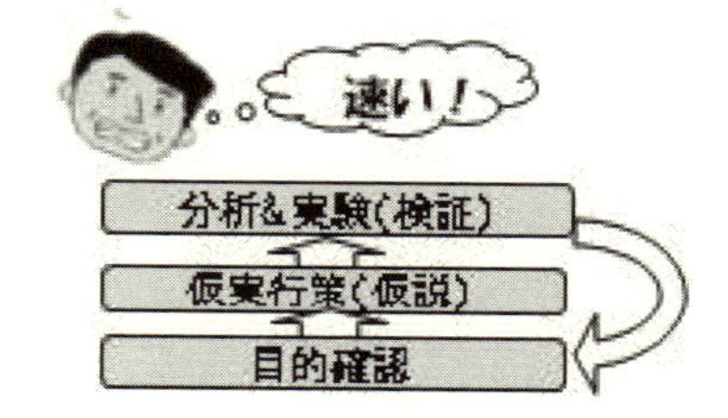

仮説⇒検証プロセス（仮説検証型）

仮説⇒検証のプロセスを例でみてみよう。

例１（問題解決）　大型商品のアフターサービスにクレーム対策

日本で設計、製造、販売しているある大型商品が好評のためＥ国でも日本から部品を持ち込み現地で組み立てて、販売することになった。

販売してしばらくたって、現地販売会社から、修理しようとしたら部品が合わず修理できない、とのクレームが続出、対応が求められた。

その対策のため日本から数回担当者が派遣され、時間をかけ広範囲にいろいろ調査を行ったが、確たる原因が見つけられず、行き詰まっていた。

そこで海外経験のあるＳ氏が対策の命を受け、その解決を図ることになった。Ｓ氏は、クレームだけに解決には短期決戦が必要と判断、時間のかかる調査、分析、原因究明から入るのを止め、現状の情報と経験に照らし直観的に仮説を立てた。「組み立て工程で日本の図面と異なる部品が使わ

れているのでは？」という仮説である。

この仮説に絞って関連する調査、確認の結果、仮説はずばり的中、「工場で独自の変更が行われ現地調達」に切り替わっていたのである。手違いでこの変更は日本には伝えられず、日本から輸出した部品では修理をすることはできなかったのである。

その工場で変更した現地製部品を検証のためクレーム対策に提供したところ問題がないとの回答を得た。

以降、現地工場で変更した部品は現地調達に切り替えることを決定、結果、日本からの部品輸出は減少したが、懸案だったお客様のクレームは短期日で解消することが出来た。

例２（課題解決）　食品販売店で加工食品顧客満足度No.1を目指す

業績が伸び悩んでいた食品加工会社Ａ社は、業界大手のＢ社やＣ社等には規模では勝てないものの、取引先食品販売店満足度でNo.1を獲得して業績を回復、大手に迫る企業づくりのためのプロジェクトを立ち上げた。

今までの満足度調査では３番手にとどまっている。No.1になるためには、何で勝てば良いのか。①価格、②品質、③デザイン、④品揃え、⑤告知規模と頻度、⑥供給のスピード等可能性のある競争要因を今ある情報や経験等を使いプロジェクト内で比較検討を行った。

結果、満足度No.1獲得に最も有効なのは⑥の供給スピードで優位性に立つことではないかという結論になった。取り組み方としてはマーケット分析や現状の問題分析をして組み上げた方が良い、という意見も多数出されたが、１年以内という開発期間を考慮し、「受注～納品までの時間を業界常識の３日を覆し１日に短縮」の仮説をもとに開発提案を行った。

それには今はそれぞれが独立して動いている受注―生産―販売の３つシ

ステムを連動させることが大きなカギになるが、それぞれ異なる部門で独自に開発し、運用しており規模も大きいことから、連動させるとなると簡単ではない。早速「リスクが大きい」、「効果が見えない」、「失敗したらどうする」、「手がいっぱいで協力できない」などの声が上がった。

そこでプロジェクトとしてはその仮説が確かなものであることを証明するため、本体とは別に特定の加工商品だけに絞った、受注―生産―販売のパイロットシステムを作成、有力なお客様であるＳ商店の協力も得て何度か改善を重ねながら実証実験を行った。

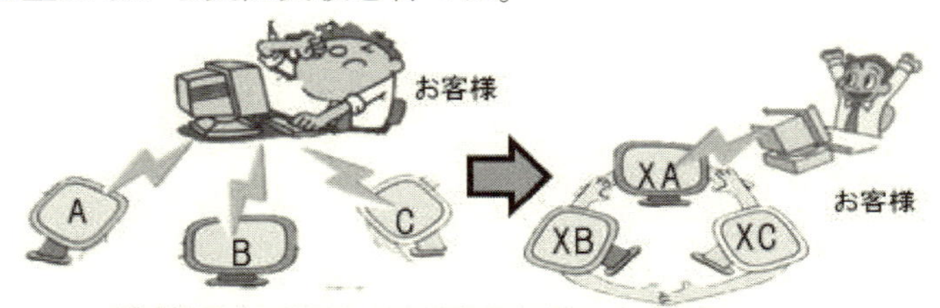

結果、受注から納品まで３日を１日近くまで短縮、Ｓ商店からは「ぎりぎりまで発注でき、食品ロスが減り、鮮度も高くなる」と好評を得た。

このパイロットシステムによる実証実験の結果に各部門も納得し、短期日でシステム統合が実現、Ａ社の食品販売店満足度でNo.1へ大きく前進したのはもとより、売上も上昇に反転、業績回復へ貢献できたのである。

こうしたシステムは日進月歩で、今では業界でも当たり前になっているが当時（30年前）としては画期的なものであった。

（この例は他業種の事例を参考に分かりやすく作成しなおしたもの）

この仮説⇒検証プロセスは、意識している、していない、にかかわらず身近で取り組んで成功している例がたくさんあるのでいくつか紹介する。

例①ショップなどで商品の陳列や品揃えを変えて、売上拡大を検証する
（売りたい高額商品を少量陳列からボリューム感のある陳列に変えてみたら売れた！）

例②新商品サンプルを作ってテストマーケティングで売ってみて、本格販売をどうするか検証する
（パッケージが問題だと分かったので斬新なものに変え、再テスト販

売したら好評で、本格販売に生かせ、順調な販売に貢献できた）
例③病院でいろいろ検査したが原因不明とされた患者を掛かり付け医が「もしかして○○症候群かも」と仮決めして、それに絞って再検査してみる
（発作を起こした患者が掛かり付医の「○○症候群」の仮説に絞り専門病院で再検査したらズバリ的中、その治療で以降発作は起きなかった）

等いろいろ身近で仮説⇒検証のプロセスは行われている。もちろんすべて的中するわけではないが、仮に失敗しても軽微で、早期発見でき手を変えてまた実験してみる等、次の対策が迅速に打てるのが特徴である。

この繰り返しが仮説の立て方、検証の仕方の能力を向上させる。

（２）仮説⇒検証のプロセス

仮説⇒検証のプロセスは、①仮説の設定、②検証の実施とシンプルなプロセスを踏む。その進め方の留意点について説明する。

①仮説の設定

仮説を立てる前に、現場主義の心を持って、現状やろうとしている課題や問題解決の関する情報を集めたり、観察したり、確認したりする。

この元ネタで「こうすれば答えが出るハズ」と最も確かだと考えられる仮の答えを実行イメージがわくようにつくる。ズバリ答えが浮かばない場合はいくつか考え、その中から「これだ！」と思えるものを選ぶ。

【留意点】○ヒラメキは重要！　思い（やりたい！）を大事に
○仮説設定のための情報集めは限定的に
（時間をかけたり網羅的な情報集めは時間と労力とムダ）
○仮の答えは「府に落ちるまで考え続ける」、チームで言えばヒラメキが出るまでデスカッションする、ことで見つかる
○仮の表現はできるだけ実行イメージが出るよう、具体的な表現が望ましい
（具体化は「目的と手段の連鎖」を活用すると容易）

○仮説に失敗はつきもの、失敗を恐れないで仮説を立てる

②仮説の検証

仮説が正しいかどうかの検証は通常、❶情報分析による検証、❷ディスカッションによる検証、❸実験による検証、が単体または複合して使われる。

例えば、

❶と❸の組み合わせ

例：情報分析、データ解析で競争相手より数値が良いのでパイロットで実施してみる

❶と❷の組み合わせ

例：情報分析、データ解析で競争相手より数値が良いので、ディスカッションやヒヤリング等をして実施を決める

❶❷❸を組み合わせ、

である。

【留意点】○網羅的でなく仮説に関係した情報のみをしっかり集める

○検証過程での失敗や問題は大変重要、すぐに原因を探り、対策を打つ（この繰り返しが大切で成功への道）

○実験（実証）はできるだけ現場に近いところで

○仮説実験が大きい場合はキーとなる部分をパイロットとして部分実験、あるいはシュミュレーション（模擬実験）とする

○実験は繰り返し行うことで問題も見つかり、成果もでる

○検証結果で仮説が失敗だと分かれば、それで検証は成功で、次の仮説に短期日で即移行する

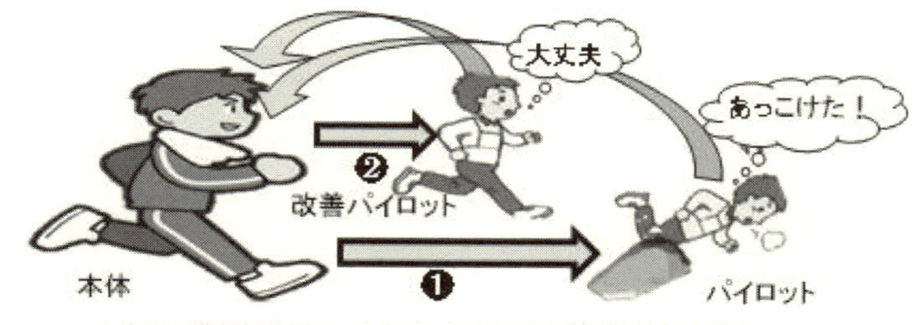

大きな課題検証はパイロットで失敗を繰り返し成功へ

（３）仮説⇒検証の実習

ここで、自分自身の身近なテーマ（家庭のことでも可）とビジネステーマの２つを実際にトライしてみよう。

❶身近なテーマ：＿＿＿＿＿＿＿＿＿＿＿＿＿＿＿＿＿＿

元ネタ（情報、経験等）はどんなものを使う？

⬇

どんな仮説？

⬇

検証情報は何を使う？

⬇

実験または分析は何をする？

⬇

結果はどうだった？

❷ビジネステーマ：＿＿＿＿＿＿＿＿＿＿＿＿＿＿＿＿＿＿＿＿

元ネタ（情報、経験等）はどんなものを使う？

⬇

どんな仮説？

⬇

検証情報は何を使う？

⬇

実験または分析は何をする？

⬇

結果はどうだった？

7．戦略的自責思考はパワーの源泉

経営ビジョンを確実にするための課題や問題の解決には、課題チーム内に限らず多くのステークホルダーの理解と協力が必要となる。それをストレスなく、積極的に得られるのは戦略的自責思考によるアプローチである。
その反対側にあるのが他責思考となる。

（1）自責と他責の意味と解釈を正しく

自責と他責を辞書的意味で解釈すると（デジタル大辞典より）、

自責とは……自分で自分の過ちをとがめること、自分に責任や原因があると考えること、

他責とは……自分以外の人や状況に責任や原因があるとして責めとがめること、

となり、このまま生活やビジネスに生かそうとするとかなり辛いものとなる。
問題を解決しようとして、その原因が相手にあるとしたら相手は快く変えてくれるだろうか。あるいは、うまくいかないのは環境が原因でどうしようもない、で問題は解決するだろうか。問題の原因を自分や自チーム以外に持って行けば気が楽になるかもしれないが、問題解決は遠のくことになる。
そこで問題や課題解決を自らの意思と言動で円滑かつ効果的解決へ結びつけようとする考え方が「戦略的自責思考」によるアプローチである。解決に必要な要因は全て自分や自チームにある、ととらえ直して問題や課題を前向き、ポジテイブに思考してアプローチすることである。従って、法的、職務的責任とはおのずと異なり、図示すると次の通り意図的に自分または自チームに責任をもってくる戦略的思考なのである。

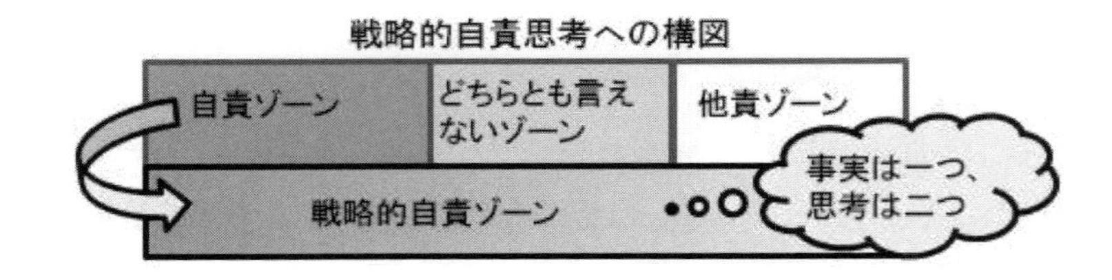

世界で一番影響力のあるビジネス思想家（英『エコノミスト』誌）、スティーブン・R・コヴィー博士はベストセラー『７つの習慣』で、「難しい問題の解決にはインサイド・アウト（内から外へ）のアプローチから始める

ことである。信頼されたければ、信頼性のある人になること、自分自身を改善しないで、他の人との改善は無い、私はいろいろな経験を通してこのインサイド・アウトの逆のアウトサイド・イン（外から内へ）のアプローチからは一度たりとも永続的問題解決や幸福、成功といったことを目にしたことがない」と述べている。

ここでいうインサイド・アウトとは自責思考のことであり、自らのパワーの源である。アウトサイド・インとは他責思考のことである。まさに自責思考でのアプローチは人間生活でもビジネスの上でも意義のあるものと言える。

ここで、ショートストリーを一つ紹介する（原典不詳）。

Ａ家

ある日、Ａ家のご主人が帰ってきて台所に入ろうとしたら、入口に置いてあった買い物袋にけつまずいて中身を散乱させてしまいました。すると奥さんが「なんで蹴とばすの！」すごい剣幕で怒り出しました。ご主人は「お前がこんなところに置くからだ！」と逆に怒鳴り返す始末です。その後も何か起こるたびにお前が悪いと二人共譲らず、喧嘩の絶えない夫婦でした。

Ｂ家

ある日、奥さんが喧嘩の声など聞いたことがないお隣のＢ家のご夫婦にこの話をしたら、お二人は笑いながら言いました。「我が家はそうした場合二人とも自分が悪くなるんです」と言うではありませんか。奥さんは「置いた私が悪かった、ごめんなさい！」、するとお主人は「いやいや、狭い台所なのに気を付けなかった私が悪かった、ごめんなさい！」と、「二人とも自分が悪いから喧嘩にならないんです。そして、そうならないように二人でこれからどうするか、考えるようにしている」と言うではないですか。

Ａ家の奥さんは思わず「アッ！」と衝撃を受けました。そして、円満の秘訣がここにあったのだと理解できたのです。「他責思考」で対応しているＡ家と「自責思考」で対応しているＢ家の違いが夫婦円満の差に歴然とあらわれていたのです。

その後Ａ家もＢ家を見習い、円満な夫婦生活をおくれるようになったそうです。

問題解決をしたい、互いの関係を好ましい状況に変えたいとき、真の責任、原因がどちらにあるにせよ自責思考でアプローチするか、他責思考のアプローチかで、下図のように結果は大きく異なる。

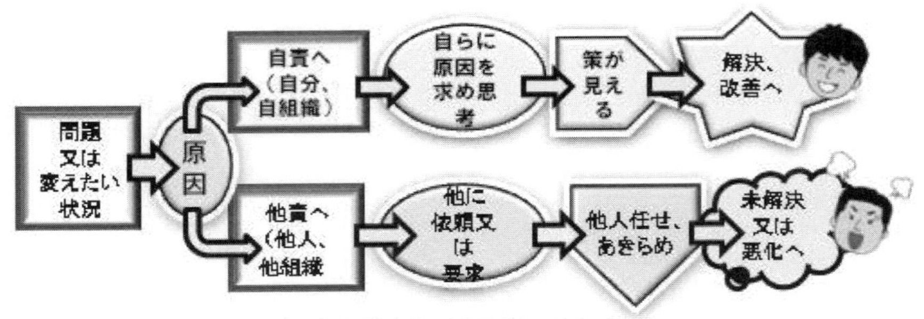

自責思考と他責思考の解決プロセス

（２）他責風土病に注意

個人やチームの中で物事がうまくいかないと段々と他人や他の組織のせいにしようとする風土が芽生えてくる。これに早く気づき対応策をとらなければならない。特にチーム活動で他責風土は活動のブレーキで最大の敵となる。

他責風土病の発見

主に他責思考は一種の風土病で次の３つの兆候から判断することができる。チームの中でこのような症状が出てきたら要注意で、メンバー同士、リーダーとも対応策を取る必要がある。

❶不平不満が出ている

提言、提案が少なく、協力的でなくなり、不平不満や愚痴が多い。

○言葉の例：馬鹿じゃないの、評価がおかしい、やり方がおかしい

❷言い訳が多くなってきた

反省がなく、開き直ることもしばしばで、隠しごとが増える。

○言葉の例：目標が高すぎるから、見てくれないから、聞いてくれないから、忙しすぎるから

❸嘆きが増えた

意欲的でなくなり、あきらめや事なかれ主義が増えてきた。

〇言葉の例：報告してこない、分かってくれない、言ってもどうせ

これらの特徴は、他責にしたほうが居心地良く見えるので、あまり自分にその自覚症状がないことである。しかし、他責思考からはパワーが出てこないので生産性は低く、創造的、革新的な成果が生まれることはない。

下のグラフはある企業で行った、自責思考の研修を行った後の「自責度調査」であるが、その傾向は読みとれる。

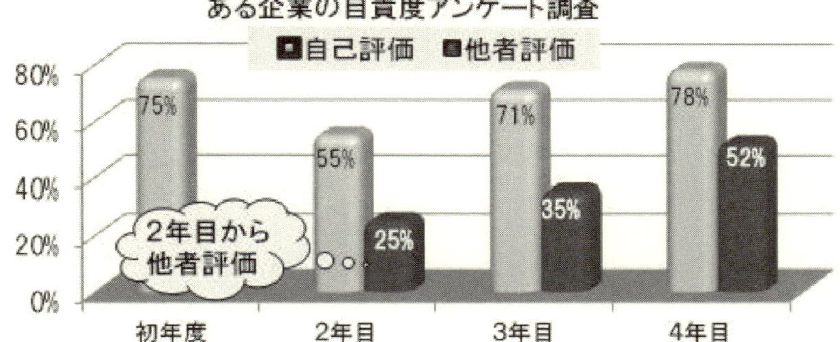

（３）自責思考への転換に向けて

他責思考になるにはそれなりの要因がある。また、いくつかの要因が重なっている場合も多く、自責思考への移行はそう簡単ではなく、特効薬があるわけでもない。

ここでは、実践経験の中から対応して例でその他責思考から自責思考への転換を図ってきたものを紹介する。

他責の要因	対策の方策
１．自己防衛 ・無意識の他責言動 ・自責効用の意識なし ・自己中心で回りを観ない	１．自責啓蒙と自責言動促進 ・自責思考研修 ・自責推進啓蒙活動 ・自責言動活動推進 ・自責思考への評価実施

他責の要因	対策の方策
2．組織防衛風土 ・組織間の情報交換少 ・経営関連情報非公開 ・経営への信頼希薄 ・同質化に固執	2．目標、情報、活動の共有化 ・経営情報の公開 ・クロスファンクショナル活動強化（組織横断的） ・ダイバーシテイの促進
3．強権型マネージメント風土 ・ヒラメ型化（上向き姿勢） ・萎縮又は逃避傾向 ・親方日の丸、ジッと我慢	3．トップが自責の率先垂範 ・経営・部門・チームトップから自責言動垂範 ・下から先手必勝の動き（計画の先出し等）
4．過度な目標追求 ・目先利益優先 ・プロセス無視の結果優先（手のない将棋は負け将棋） ・現実・現場無視	4．責任システム構築 ・プロセスと目標のバランスをとる ・双方向の報・連・相による責任の所在明確化

この中からいくつか自責思考へ転換した事例を紹介する。

例1．自責の言動を意識して実践することを義務付けて成功
　○協力してくれない⇒理解してもらう努力が足りない

例2．他責蔓延の会社に赴任したトップが自らトイレ掃除から始める範を垂れたことで、会社や環境のせいにしていた幹部、従業員が自ら動くようになった。

例3．クロスファンクショナル活動を頻繁に行うことで部署、部門間の相互理解を促進、組織防衛のための垣根の排除に成功。

例4．親会社の言いなりで、親会社のせいでやりたいことが出来ないと嘆いていた子会社が、経営計画を先手必勝とばかり親会社より先に出すことで、自らの裁量範囲を広げ、社内のあきらめムードを一掃した。

（４）他責思考から自責思考へチャレンジ自ら挑戦してみよう

挑戦❶：他責から自責の言動へ挑戦、空欄を埋めてみよう

他責の言動	自責の表現	自責の行動
①彼は言われたことしかやらず、積極的に仕事してくれない		
②売れないのは市況が悪い上に、販売目標が高すぎるからだ		

挑戦❷：ビジネス上の問題解決（原因を自分にもって来る）

問　題	
問題状況（どんな）	
原　因（自分側の要因は？）	
対　策（自分側が動く対策）	

8．挑戦魂で難関突破、結果にこだわる

ビジョンの実現への道は決して平坦ではなく、高いハードルの連続が待っている。そこで結果を出すために理屈を越えた挑戦魂が必要となる。

（1）挑戦することの意味

一人の人間として、チームとして、こうしたい、ああなりたいと現状を変え、夢と希望を目標として、その実現を図ろうとする時に挑戦が必要となる。その挑戦は目標が高くなればなるほど大きな努力が求められる。

よく「現状で十分」とか、「そう高望みはしないで何とかなるよ」と、楽なほうを選択する場合があるが、実はこれは大きな後退を意味する。

ビジネスでみてみると、環境は猛スピードで変化しており現状維持レベルではその変化について行けず、競争に負け、人は失業し、会社は倒産の危機に見舞われることになる。また、チョットした努力の改善レベルでは一時しのぎにはなるが、それも長続きはせず、いずれ変化の波に飲み込まれてしまうことになる。

つまり、守りの現状維持や改善レベルでは生き残ることすら難しく、攻めの改革レベルまで取り組みを引き上げることが求められているのである。改革レベルとは通常努力を越えた大きな努力、つまり「挑戦（チャレンジ)」ということである。

図解すると下図の通りである。

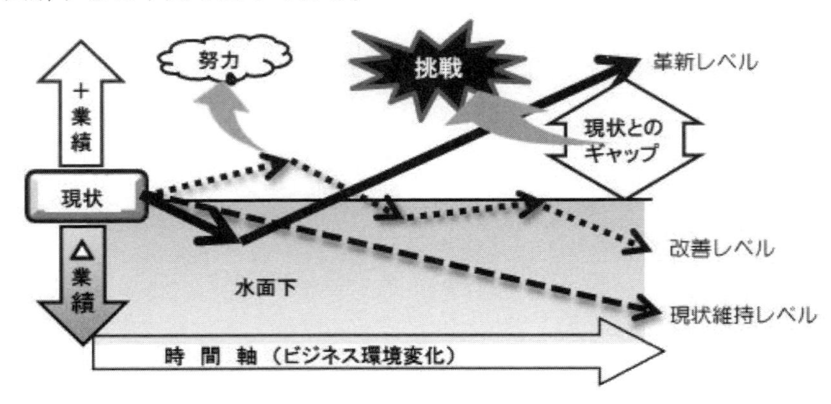

（２）挑戦して成功した人たちの名言

ここで、これまで果敢に改革レベルに向けて挑戦し、数々のイノベーションを興して成功した人たちの名言をいくつか紹介する。もちろん、挑戦すればすべて名言を残した人たちになれるわけではないが、挑戦しない限り一歩も近づけないことは間違いない。

①やってみなはれ、やらなわからしまへんで

○鳥井信治郎：サントリーの創業者

日本で初めてのウイスキーづくりという夢実現に向けて、「やってみなはれ、やらなわかりまへんで」と自分や仲間を鼓舞し、やってみては考え、やってみては修正し、まさに七転び八起きのあきらめないチャレンジスピリットが成功をもたらし、今日のサントリーの礎を築いた。

②人類史上の進歩のほとんどは、不可能を受け入れなかった人々によって達成された

○ビル・ゲイツ：Windowsで有名なマイクロソフト社の創業者

彼の夢は「すべての机と、すべての家庭にコンピュータを」だった。当時は不可能なこと、と言われながらその夢をどうしても叶えたい、と「あきらめないでとことん突き詰める」をモットーに幾度の挫折を乗り越え成功者となった。

③チャレンジして失敗を恐れるより、何もしないことを恐れろ

○本田宗一郎：本田技研工業の創始者

日本人が本当に求めているものは今までにない新機軸の小さな二輪車だ、とオートバイの新しい歴史づくりに挑戦、失敗を繰り返しながらもあきらめず開発を続け、既成概念を覆す名車「スーパーカブ」を誕生させた。スーパーカブは誕生して60年、世界で最も長く、2017年には世界販売１億台に達し、最も多く現在でも愛用されている。

④人生はどちらかです。勇気をもって挑戦するか、棒にふるか

○ヘレン・ケラー：アメリカの教育家

自ら重い障害を背負いながら世界の貧困問題、障害者救済、教育・福祉等に尽くした、ヘレン・ケラーのこの言葉は胸を打つ。

（3）挑戦するために必要なこと

果敢に挑戦することに躊躇がない人やチームは輝かしい明日を迎えられるが、挑戦したいと思いつつもその一歩を踏み出すことにためらいを感じている人やチームは重要な点について再確認することが必要である。

挑戦し続けて成功した人の名言からも次の様な共通のヒントがうかがえる。

①目標（夢）を持つ
・現状やろうとしていることに満足しない
・現状を変えたい、やりたいこと（夢）は何か探す
・周りはどんどん変る、置いてきぼりになるのを是としない

②失敗を恐れない（失敗は成功の母）
・挑戦すれば、失敗はつきもの、それを当たり前だと認める
（物理学者のアインシュタインは間違いをしない人は、何もしない人、と言っている）
・挑戦にはリスクが伴うのは当然
（マクドナルドの創業者のレイ・クロックはリスクのないところに成功はなく、そこに幸せもない、と言っている）
・ムダな失敗などない、失敗回数が多ければ多いほど成果は大きくなる
（発明家エジソンは１万回の失敗の後に電球開発に成功した）
・失敗は次に何を為すべきか教えてくれる学習の機会
（ただし、同じ失敗は繰り返さない。失敗⇒原因⇒対策⇒新しい挑戦）

失敗は成功のもと

③周りを気にしない
・周りは自分（達）が思うほどそう気にしていないものである
（周りは自分のことで精いっぱい、また失敗したことなどすぐ忘れる）
・周りは自分（達）が考えているより、進んだことをやってる
（自分（達）だけが分かっていないことの方が多い）
・周りと比較しない
（現状や目標が異なれば、やることも異なる、比較しても意味がない）

（4）挑戦を成功させるには

挑戦しようとする意志が固まれば後は成功への第一歩を踏み出すわけで

あるが、その際の留意点は以下の通りである。

①魂を入れ、磨く

魂とは、生命の原動力、心に宿る活力、気力気構えのこと。英語では soul（ソウル）または spirit（スピリット）と訳される。

この「魂を入れる」とは、挑戦して達成するまで何事にも負けない強い意思と勇気、覚悟を、何度も言い聞かせたり、議論しながらゆるぎないものにすること。さらに、失敗したり、成功したり、を繰り返しながら「やるんだ」と意思を固めていくことで魂が磨かれるのである。

②あきらめず、結果にこだわる

あきらめた時が失敗、あきらめない限り失敗は無いのである。失敗したら、挑戦魂で失敗の原因を探り、対策を考え、挑戦することが大切である。この繰り返しはやがて自信となり成功の扉を開く。

とにかく、挑戦を始めたら結果を出さないと意味がない。この結果にこだわると突き動かす力が湧いて、だんだん面白くなってくる。

③リスク対策を打っておく

挑戦にリスクはつきもの。そのためには次のような対策を用意して挑戦への安心度や意欲度を高めるための環境づくりをしておく。

・予想される確率の高いリスクには人、金、モノ等の準備しておく
（例：予定外の費用は準備金として、行詰まった場合の対処法等）
・リーダーやトップマネジメントは任せたら自ら失敗の責任を負う。
（上は下に任せて、失敗の責任まで負わせては、やる人は萎縮し、無難な道を選びかねない）
・成果を褒賞や、公的場でほめる等インセンティブを用意し、やる気の醸成を図り、後退のリスクを未然に防止する。
（挑戦して成果◎、挑戦して失敗○、失敗無いが何もしない×、挑戦しないで失敗××、的な評価を見える化しておくと効果あり）

（５）挑戦計画のテーマを抽出してみよう

個人、家庭、ビジネス等いろいろな場面を想定し、挑戦してみたいテーマを個人的とビジネス上に分け５個ずつ列挙して、その中から本当にやっ

てみたい個人的テーマ、ビジネス上のテーマを一つづつ選び、それぞれ挑戦イメージを描いてみよう。

（注）意欲度は10個抽出したら最高を10点、最低を１点として、その間を相対評価で点数を入れること。

①挑戦テーマの抽出（個人的テーマ編）

No.	テーマ	意欲度

②挑戦テーマの抽出（ビジネス上のテーマ）

No.	テーマ	意欲度

①テーマへの挑戦（個人的テーマ）

テーマ
取り上げた理由
挑戦目標（どうしたいのか？結果イメージが湧くように）
予想されるリスクは？（できればその対策を考えて）
挑戦してみますか？　　はい・いいえ（なぜ？　　　　　　　　　　　　　　　　）

②テーマへの挑戦（ビジネス上のテーマ）

テーマ
取り上げた理由
挑戦目標（どうしたいのか？結果イメージが湧くように）
予想されるリスクは？（できればその対策を考えて）
挑戦してみますか？　　はい・いいえ（なぜ？　　　　　　　　　　　　　　　　）

第6章

失敗を活かす

佐久間輝雄

確実にビジョンを実現するための挑戦は大きければ大きいほど、失敗のリスクを負う。避けられない失敗は、その経験を活かしてこそ革新的、創造的成功への道を開いていくのである。

1．失敗は成功の母

失敗は多くの場合、失敗をもたらした理由がある。理由が分かれば次の対応が容易になり、成功に近づくための糧となるのである。

IBMを46年間も率い、世界のIBMに成長させた初代社長トーマス. J. ワトソンは「成功は失敗の彼方にある」（『７つの習慣』Ｓ・コヴィー）と言っていた。

1．失敗とは何か

失敗は落伍でも後退でもない、挑戦するチームに「失敗のない成功は無い」のである、失敗は大きな学びの機会なのである。

（1）チーム活動における失敗の数々

プロジェクト等のチーム活動をしていると、さまざまなうまくいかないことや頓挫すること、期待に達しないことが起こる。その多くは失敗である。

例えばチーム活動のプロセスで見てみても、メンバーの意思統一ができずスタートでもたつく、活動が始まっても情報不足で分析できない、関係先から得られるはずの協力を断られた、パイロットでテストしたが数値が悪い、実行しようとしたが現場の抵抗で頓挫、予算を超過してやり直し、実行してみたが思った通りの成果が出ない、など。

失敗は潜在・顕在問わず存在

細かなことでもよくある。プレゼンテーションの資料が間に合わない、リーダーが立ち往生、実験用のデータが壊れた、メンバーが抜けて穴が空いた、など、また、表に出てきていない失敗もあり、失敗を拾い上げると枚挙にいとまがない。

これらの失敗はチームとして放置できるものではなく適切に対処することで再発を防止でき成果に繋がってくるのである。

（２）チーム活動における失敗の定義

ここで「失敗」を整理するため、その意味から定義してみる。

①物事をやりそこなうこと。方法や目的を誤って良い結果が得られないこと。しくじること（デジタル大辞泉）。

②やりそこなうこと。目的を果たせないこと。予期した効果をあげられないこと、しくじり（大辞林）、

である。

これをチーム活動に繋がるように失敗を定義しなおすと、「得たいもの（チームの目的）があり、それを得るために行った行為（チーム活動）が何らかの理由（原因）で、期待した通りの結果をもたらさなかった（目的未達成）、あるいは期待以外の結果（想定外結果）をもたらすこと」ということになる。

（３）失敗の種類はいろいろ

失敗と言っても、その起こりかたの姿かたちはさまざまである。

大きい（社会的）—小さい（個人的）、顕在—潜在、予知—未知、突然—ジワジワ、などいろいろである。例えば、計画通り指示をしたが、不測の事態が起き失敗した、開発当初は最新の技術を前提に開発したが、進化が早く期待値を下回った、など結果として失敗となるような複合的理由もある。

チーム活動としてはいかなる失敗も受け止め、活かせるように次の通りの３つに整理してみよう。これらは重複して発生するケースも多く、それを想定して考えないといけない。

確認忘れ無駄な仕事を

①単純な失敗

イージーな失敗（ミス）、ケアレスな失敗（ミ

ス）とも言われるもので、転記の失敗、置忘れで失敗、マニュアル化忘れ失敗、手順間違え失敗、連絡漏れで失敗、費用超過で失敗、ルール違反して失敗、報告間違えで失敗、など数知れず。ヒューマンエラーに属するものが多い。

〇これらは、間違えに気づいたらすぐ指摘や修正することで対応。能力や知識不足の場合はそれを補う手立てを講じることで再発防止が出来る。

②複雑な失敗

チームが目指す課題や問題解決の骨格にかかわる失敗で、設計の失敗、システムや構造化の失敗、プロセス（手順）設計の失敗、機械や設備選定の失敗、関係者の利害が絡んだ失敗、開発提案の失敗、試験実験の失敗、予算編成や日程計画の失敗、導入時トラブルの失敗、導入フォローの失敗、極め付きは完成品の失敗などである。

知見を集めてしっかり原因究明

〇こうした根幹にかかわる失敗は発生のつど最優先で、失敗原因を把握して分析、対策を講じ再発防止をつくる。さらに必要なら計画の再提案も含め支援を仰ぎ速かに活動を軌道修正する。

③挑戦による失敗

プロジェクトチームなどが取り組む戦略的課題解決は未知の領域が多く、さまざまな失敗を経験する。これはやむを得ず起こる予想される失敗である。

革新的テーマに取り組むチームが最も重要視すべき失敗で「失敗無くして成功なし」で積極的に失敗を受け入れなければならない。

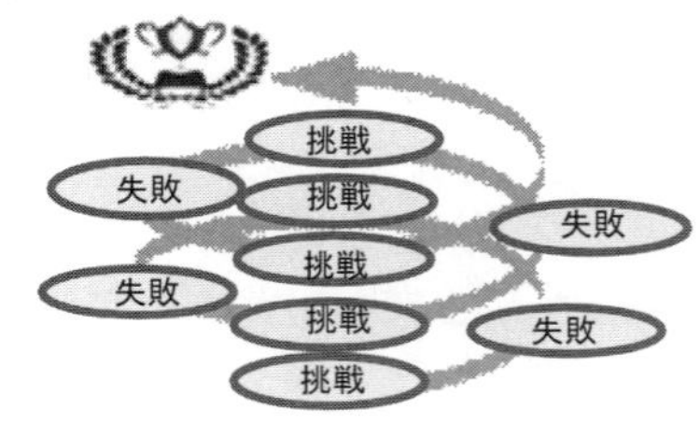

創造的目標達成への道は挑戦と失敗のスパイラル前進

新しいシステム手法や目指す成果物がまだ世にない、参考になるデータ、媒体、試料がない、まだやったことも、見たこともない、近いものがあるがそれではない、など、さまざまであるが、いずれもチームにとっては、そのほとんどが未知との遭遇である。

○革新的、創造的テーマに取り組むチームは未知の多い領域に挑戦するため失敗は起きやすく、それが進化するための学びなのである。この失敗は、失敗発見⇒原因分析（未知なる知見＋現場情報＆データを使って）⇒対策案⇒実証、実験で求めるレベルのものが出来るまで手を変え品を変え繰り返すことになる。

（４）自分の失敗経験を振り返ってみよう

長い人生や仕事には失敗はつきもの、自分の身近な例でいくつか失敗を思い出しながら表に列挙してみよう。これは後の２－（５）項（236頁）で活用するので丁寧に。

（注）「種類番号」は、前項の①②③の種類を参考に記入方。

No	自分・ビジネス	種類番号	どんな失敗（具体的な表現を端的に）
1	自・ビジ		
2	自・ビジ		
3	自・ビジ		
4	自・ビジ		
5	自・ビジ		
6	自・ビジ		
7	自・ビジ		
8	自・ビジ		

2．失敗から学ぶ

トーマス・エジソンは失敗について「失敗したわけでなく、勉強したのだ」と言って、数え切れないほどの失敗の後に白熱電球、蓄音機、映写機などの発明品を世に送り出したのである。

挑戦するチームにとって失敗は学ぶことであり、高い目標を達成するため避けられない道程と受け止めることが大切。

（1）失敗情報は重要な学びの基

失敗の積み重ねがなぜ成功への道かというと、失敗には失敗する原因があるからである。その原因が分かれば手を打つことができ、次の挑戦に活かすことができるのである。逆に成功には明確な原因があるものもあるが、たまたま成功した、原因がよく分からない、あるいは見つけられないということがよくあるのも事実である。

これが「失敗には必然性あり、成功には偶然性あり」と言われる所以である。

つまり、失敗は成功に比べ比較的原因が明確になり情報が集まりやすいので、原因を分析し、次の対策を立てることが容易である。

例で見てみよう。

> ある大きなゴルフ競技でのこと、大事な最終ホールで１打差のトップにいたゴルファーが２打目を大きく曲げて右の林に打ち込んでしまった。そこは木が邪魔でまっすぐ打てない。思い悩んだが優勝という大きな夢がかかっていたので、つい無理してドローボールで木の真横から祈るようにグリーンを狙ったが失敗、無情にもボールは前の木で跳ね返されOBゾーンに。万事休すである。結果は５位に止まった。
>
> 同じような経験は三度目で、一度目は僅かな木の間を狙い失敗。二度目は安全のため後ろに戻して失敗。諦めきれない彼はその後、この二つの失敗経験を基に木の間や後ろからのショットを研究、ミスする要素は何であったかを整理、どうしたらそのミスする要素を消去できるか考え、トラブルのケースごとにまぐれではなく確実に抜け出す方法を考案、幾度もトライを重ねて自分のものとした。
>
> その後は大きくスコアを崩すことなく、安定したゴルフがでるよう

になり、クラブ競技会で幾度か優勝を飾ったのである。

この例は競技会優勝という夢実現に向けて、果敢に挑戦して失敗を重ねながらも、諦めないでその失敗から学び、ついに夢を叶えた例である。また、何回失敗しても、諦めない限り失敗はない、諦めたときが本当の失敗であるという例でもある。

もし、このトラブルから偶然に脱出成功だったら「うまくいった、しめしめ」で「何故うまくいったのか？」は分からずじまいとなり、偶然期待のプレーに終始し、優勝戦線で戦うプレーヤーにはなれなかっただろう。

失敗は挑戦し続ける限り活きる

（２）失敗情報の収集と留意点

では失敗から学ぶための大事な情報をどう収集し、それを活かすためにどんなことに留意しなければならないかを考えてみる。

これは、失敗に注目しないで、同じ失敗を何回も繰り返す、あるいは小さな失敗を見逃して、大きな失敗にしてしまう愚行を防止するためでもある。

①失敗情報の収集

失敗情報は極力、失敗直後に、かつ出来るだけ的確な情報になるよう現場に近いところで（三現主義で）収集するのが望ましい。

＊挑戦中の課題の失敗情報

＊他の失敗に関する知見情報（参考になる情報や、アドバイスなど）

失敗情報には気をつけなければならない特徴があるので次項で解説する。

②失敗情報の整理

失敗情報は、現在挑戦中の課題解決に資するだけでなく、組織やチームとして次のプロジェクトや他の組織的課題解決のためにも整理して、マニュアル化しておくとよい。

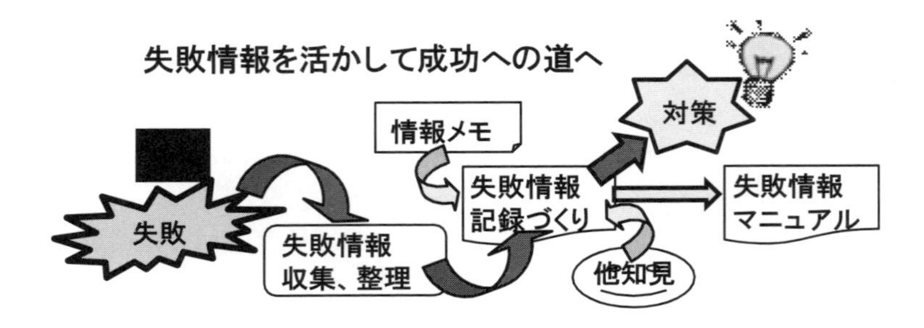

○失敗情報記録づくり

失敗情報の内容は５Ｗ２Ｈで次のようにまとめるとよい。

その際には事実と推論、推測を明記すること。

また、原因や影響などがいくつかに分かれる場合は影響や確率の高さをウエート付けしておくとよい。

＊題名（失敗のテーマ）

＊内容（５Ｗ２Ｈで。でいつ、どこで、だれが、何を、何故、どのように、どの位の影響度合い）

＊原因（想定含む）

＊対策と結果（その時の）

＊伝達事項（申し送り、アドバイス、サゼション）

○情報メモづくり

情報整理しながら思いついたこと、気がついたこと、アイデアがわいたこと、他からの「あれっ！」とヒントがあったことなど何でも、聞き流さず、忘れ去らず、拾っておくこと。

それをメモノート、ポストイット、PCメモなどにしておく。

○マニュアル化

こうした一連の失敗情報を対策に活用するだけでなく次に活かせるよう、マニュアル化しておくとよい。

プロジェクトなどでは特にこのマニュアルが次期プロジェクト、他プロジェクトに役に立つよう失敗情報は継承されなければならない。

これらを大事にする文化を持つ企業、組織は革新的、創造的組織でビジネスイノベーションも興しやすく、成長企業になりえる。

（３）失敗情報を活かした対策

失敗に対して対策を行う場合は、やみくもに手を打っても効果は期待できないので、最も効果の期待できる対策アイテムを中心に手を打つ。

さらにチーム外からの知見も求めて実施すると効果が高くなる。

その方法は次の通り。

①仮説検証プロセスを使う（創造的仮説思考）

仮説⇒検証プロセスを活用した革新的、創造的対策で、最も勧めたい対策である。短期日な対応にも適している。

仮説⇒検証プロセスについては第４章２－６項「仮説⇒検証で大きな変化を速く創る」（207頁参照）で詳しく解説。

②情報分析による論理的思考プロセス（論理の積み上げ思考）

情報が十分で適切、知見が揃っている、さらに時間的余裕もあるような場合には有効。

（４）失敗情報の特性

失敗情報には次のような特性や傾向があるので、それをよく理解して適切に、かつ必要なら修正して使う必要がある。

①隠蔽されやすい（都合の悪いところは表沙汰にしない）。

②情報が変化する（伝言ゲームのごとく、階層を経たり、スクリーンを透ったり、時間が経過するといつの間にか黒も白になってしまう）。

③他責化する（協力をしてくれなかったから、知らされなかったから、時間が短すぎる、など責任追及から逃れようとする）。

失敗情報の特性には組織風土が影響

④推測化する（まさか今こんなことが起こるとは！　もっともらしさを保とうとする）。

こうした失敗情報の特性の多くは企業組織やチームの風土に由来することがよくある。

その一つは、上が結果責任を避ける、二つ目は出る杭は打たれやすい、三つ目はセクショナリズムが強い、こうした風土を持つ組織やチームに起こりやすい特性である。

（５）失敗情報を活かした例を挙げてみよう

自分のプライベートとビジネスシーンで、前項（231頁）失敗経験の中から代表的な事案を１つ選び、どう解決したか、あるいは解決できなかったかを振り返ってみよう。

題名：＿＿＿＿＿＿＿＿＿＿＿＿＿＿＿＿＿＿＿＿＿＿＿＿＿＿＿＿

１．失敗内容：５Ｗ２Ｈで

２．失敗の原因（失敗情報から考えられる原因をいくつか挙げる）

３．　対策（上記原因で最も影響したと思われる原因の除去）

○実施・未実施　□実際に実施した対策

□未実施だがやろうとしている、やりたい対策案

○対策方式　□仮説⇒検証プロセス（仮説型）

□論理思考プロセス（積み上げ型）

４．　結果（実際に実施していない場合は予想される結果）

５．　反省点と申し送り事項

３．失敗してもただは起きない不屈の心

二つの心が失敗を活かす

失敗は革新的、創造的目標に向かうための第一歩であるが、前項で述べた論理的取り組みだけでは、実際に失敗を活かし、成功への道を切り開くのは容易ではない。

チームやメンバーに求められるのは論理的取り組みに加え何度失敗してもめげず挑戦する「ただは起きぬ心」と「不屈の心」である。

（１）失敗してもただは起きぬ

何回転んでもただは起きぬ

目標が高ければ高いほど、何度でも失敗はやってくる。その失敗の中にはチャンスもいっぱいある。

「転んでもただは起きぬ」、「七転び八起き」ということわざがある。

この２つのことわざの意味を合わせると、たとえ何回失敗したとしても、そこで自分の利益になるものを必ず見つけ出し、這い上がっていく、と解釈され、まさに「失敗を活かす」に通じることわざである。

これは、前項で述べたように失敗にはいろいろな理由や対策のヒントがあり、それを明らかにし、対策を打つことで失敗というピンチをチャンスに変え、前進することができるのである。

つまり、チームやメンバーとしては失敗の大小にかかわらず「無駄な失敗など一つもない」のであるからおろそかにせず、しっかりフォローせよ、ということである。

（２）失敗にめげない不屈の心

チームやメンバーに失敗を活かそう、という気持ちがあっても失敗が続いたり、難解だったりすると、ついついめげたり、諦めたりで失敗から逃げたくなることもしばしば起こりえる。

しかし、それでは革新的、創造的課題に立ち向かうことはできない。

そこで、チームもメンバーも「不屈の心」を醸成することが求められる。
２つの例でみてみよう。

例１　野球で諦めないで最後まで戦い抜き逆転勝利

甲子園球場夏の大会決勝戦、九回裏２アウト、走者２、３塁、点差は１点差で負けている。打球はショートへの平凡なゴロ、誰もが万事休すと思った。が、打者は必死に走ってヘッドスライデングで間一髪セーフ、遊撃手が１塁に送球している間に３塁走者はもちろん、２塁走者までも懸命の走りで、ホームへ。大逆転優勝である。

負けそうだと思った途端力が入りにくくなり、走力にマイナス影響がでるものであるが、逆に絶対勝つ、勝てる、と信じる必死さや懸命さが彼らの走力にプラスの影響をもたらし、観ている誰もが信じられない結果をもたらしたのである。

例２　「下町ロケット」佃プライド（フィクション）

利益至上主義でないモノづくりで大企業を凌駕し、成長を遂げる下町の工場の物語で、実際にあってもおかしくない物語である。

社長の夢（日本の農業を助けたい）と情熱（最高のモノを造ろう）で「佃品質」という技術力と納得ゆくまで失敗と改良を繰り返す、妥協を許さない不屈のモノづくり風土「佃プライド」でバルブ、ミッション、エンジンなどのトップブランドに成長させる町工場の物語である。

ここでも、目的達成のためにはどんな失敗や困難があっても諦めない「不屈の心」が社長、社員みんなに宿っていたことが窺える。

この２つの例は強い意志を持って、どんな困難にも屈したり、くじけたりしないことを表す「不撓不屈（ふとうふくつ）」の四字熟語がぴったり合う、まさに「転んでもただは起きぬ」「不屈の心」を表す例である。

（３）ただは起きぬ心、不屈の心の特徴と育て方

「ただは起きぬ心」「不屈の心」の二つの心に共通している大きな特徴は次の通り。

①揺るぎない信念を持っている（絶対やれる、できると信じている）
②何があっても目標達成するまで諦めない（困難を受け入れる）
③自分も、他人も大事にする（自分を信じ、他人に感謝）

こうした心を育てるのは容易ではないが、いくつか努力したいことを挙げてみたい。

①失敗を恐れないで挑戦する（失敗をたくさん経験し、チャンスを創る）
②目標を明確に持つ（何が目標か、自分に問いかけ確かめ、固める）
③周りに惑わされない（周りはいろいろ言うのは当たり前、気にしない）
④信頼できる仲間を創る（志を同じくできる仲間をつくる）

（4）ただは起きぬ心、不屈の心の簡単自己チェック

二つの心が自分にどのように根付いているかチェックしてみよう。

	いつもそうでない				いつもそう
	1	←	3	→	5
①揺るぎない信念を持っている	1	2	3	4	5
②目標があれば達成するまで諦めない	1	2	3	4	5
③自分の意思を大事にしている	1	2	3	4	5
④他人の意思も尊重している	1	2	3	4	5
⑤失敗は恐れず挑戦している	1	2	3	4	5
⑥周りに惑わされることはない	1	2	3	4	5
⑦信頼できる仲間を創っている	1	2	3	4	5

合計　　　　点（35点満点）（根付き率　　　　　%）

根付き率が50%未満の場合、これからの努力ポイントをメモしてみよう。

２．失敗が活きるアラカルト

1．驕りはビジネスチャンスを逃す

チームもメンバーも成功体験を多く積んで来ると気がつかないうちに自分たちのやっていることが最高級だと思う心が芽えてくる。この驕（おご）りが強すぎると失敗を認め難くなり、失敗の中にこそある大きなビジネスチャンスを逃す恐れがある。

（１）驕りの意味と影響

「驕り」とは、『大辞林』によると「思い上がる、わがままなふるまいをする」とある。類義語で「慢心」（心の中で自分を自慢すること、おごり高ぶること）があるが、いずれも良い意味には使われない。

つまり驕りや慢心があるとそれ以上のものを認めなくなり、変化や進歩に鈍感になってしまい、日進月歩で進化するビジネスの戦線では適応できない古代魚となり、いずれ滅びることになる。平家物語で言うところの「驕れる者久しからず」である。

この驕りはチームやメンバーに過信を生み、注意力や観察眼が失われ、チャンスやリスクに気づかず、小さな失敗も大きな失敗へと拡大していく。

最高だと思う驕りは危険

（２）驕りの留意点

創造的課題や大きな問題解決に取り組むチームとそのメンバーは、もし驕りが少しでもあると気づくならば、それを改善することに努めビジネスチャンスを逃さないようにすることが必要である。

驕りの主な特徴と留意点は以下の通り。

①プライドが高すぎ

プライドが高いのは自信の裏付けとして悪いわけではないが、過ぎると過信となり、自分（達）より格上は認めようとも、知ろうともしなくなる。そして、失敗も認めなくなりやすく、改善、改革のチャンスを逃す。

自分（達）のプライドは本物かどうか確かめるためには、足元を確認し、抜け漏れがないかどうか、さらに周りと比較してどの程度プラスマイナスがあるか確認しなければならない。

もし、プライドが本物で自信があるなら、それをさらに強化するため、もっと高いもの、幅のひろいものがないかアンテナを高くして、探求する努力をする必要がある。

②主観的すぎ

驕りは自分（達）本位に考えやすく、客観性を欠き、思い込みが強くなり、間違いや失敗を見落したり、周りに優れたものがあることなどに気づかないことも多くなる。

それを避けるため、周囲に目配り、気配りして他からの指摘や意見を積極的に受け入れ、その知見を活用する努力が必要である。

③自己中心的すぎ

驕りは「自分に甘く、他人に厳しく」になりがちで、他責思考に陥りやすい。結果、周りは遠のき、非協力的になる上、極端な場合は足を引っ張られる恐れさえ考えられ、チャンスは逃げていくことになる。

プロジェクトなどでは、特に多くの人達や関係先に協力を仰がないと目標達成は難しくなることに鑑み、戦略的自責思考を活用して意識してオープンマインドな言動に努力することが必要である。

自己中心だと皆去ってゆく

（３）驕り傾向度自己チェック

自分の日頃の行動パターンについて以下の質問に答え、驕り傾向が強いか弱いかチェックし、結果をみて自己改善点があれば考えてみよう。

	いつもそうでない 1	←	3	→	いつもそう 5
①偉そうな態度をとったり、偉そうな言い方をしている。	1	2	3	4	5
②高圧的な物言いや高圧的度を示すことはある。	1	2	3	4	5
③見下したり、見下すような言い方はする。	1	2	3	4	5
④他からの意見や提案を求めず、また、あまり聴いていない。	1	2	3	4	5
⑤他の成果を認め、賞賛するようなことはしていない。	1	2	3	4	5
⑥常に反省が弱く、ついつい他責ににしてしまう。	1	2	3	4	5
⑦失敗が怖いので難しいことには極力挑戦しない。	1	2	3	4	5
⑧行動を興すのが遅く、ついつい先延ばしにしてしまう。	1	2	3	4	5
⑨知ったかぶりをしたり、知らないものは曖昧にしてしまう。	1	2	3	4	5
⑩都合の悪いことが起こったり、言われたりするとつい怒ってしまう。	1	2	3	4	5

合計　　　　点（50点満点）（驕り度　　　　　　%）

自己改善点

２．No.１とNo.２の違い

日本で一番高い山は富士山であることは誰でも知っているが、日本で２番目に高い山は？と問われると「うっ？」と答えに窮する人が多いと思う。

つまりNo.1とNo.2ではそれほど違う存在なのであり、ビジネスの世界では特にこの差は身にしみるほど大事な問いかけなのである。

（１）No.1とNo.2をいろいろみてみよう

社長と専務、金メダルとその他のメダル、計算速度世界１位と２位、業界１位と２位、優勝と準優勝、初めてと２番目などなど。そのどれをとってもNo.1とNo.2では数字の大小や意識の違いだけでない開きがある。

例えば、ゴルフのトーナメントでは優勝者だけが表彰台に上り、２位以下はほとんど表に出てこない。企業の中でもNo.1の社長は会社を動かすことができるがNo.2（副社長、専務、常務など）は難しい、のである。

プロジェクトなどでは、業界初、業界トップなどの成果をあげると間違いなく競争力で他を凌駕することができるのである。

プロジェクトチームでは、世界初とか業界初などの類をみないモノ、コトに挑戦し、それを実現してこそ価値が認められるということである。

NO.1にはスポットライトが！

ビジネスパーソンで言えば、社長を目指し、そのポストを獲得できれば大きな夢を実現できるのである。それが難しいなら自ら起業してNo.1になって夢の実現を目指してみるのも良いと思う。

例でみてみよう。

例．社長と常務（No.1とNo.2）

Ｓは若いときから挑戦好きで、失敗してはまた挑戦を繰り返す諦めの悪いビジネスパーソンだった。

そのＳがあるとき、経営改革が喫緊の課題とされた関係会社２社のどちらかに派遣されることになった。失敗を恐れない、諦めの悪さが改革には打ってつけと評価されたためだった。

その時ポストについて「君は大規模のＡ社の常務（No.2）か、中規模Ｂ社の社長（No.1）のどちらが良いか？」と問われた。Ｓは迷うことなくＢ社を選んだ。

その理由は、過去に赤字会社建て直しに常務（No.2）として派遣されたが、改革案がトップの理解を得るため多大な労力を必要した上に失敗も重なり、社員やステークホルダーから「社長はどう考えているの？」と問われ、なかなか相手にされない始末で、成果を得るのに３年という長い歳月を要するという苦い経験をしたことによるものだった。

Ｂ社にNo.1の社長で赴任したＳは早速経営改革に着手、以前の失敗経験を活かすことができ、３分の１の短期日で目標を成しとげたのである。

ＳはしみじみNo.1とNo.2の違いを感じたのであった。

（２）No. １を目指すには

企業の経営ビジョンや経営目標に多くの企業でNo.1を目指すことを掲げている例は多い。意欲的ビジネスパーソンもいずれは社長にと思いを馳せている。また、プロジェクトなどでは世界初とか業界初などを目指して、革新的、創造的課題に取り組んでいる。

それほど、No.1とか初めてとか、は重要な意味を持っている。

ではこのNo.1を目指すためにはどうするか、なんと言っても前項で述べたように一言で言えば「**たくさん挑戦して、たくさん失敗すること**」に尽きるのではないかと思う。

つまり、高い目標に、失敗を恐れず果敢に挑戦して、失敗すればそれをまた糧として目標が達成できるまで、諦めず成功するまで挑戦し続けることが、その道だと考えるからである。諦めない限り失敗はないのであり、

諦めない限りNo.1はいつかものにできるのである。
その道程は決して容易なものではないが、強い意志と覚悟をもって臨めば、必ずや得られると信じてやまない。
また、高いレベルのNo.1を目指す場合は、エリアで1位から全国で1位、社内初から業界初へ、そして世界初へなど、マイルストーンをおいて順次高みを目指すことも検討すると良い。
そして、No.1を狙わない限り、No.2もNo.3すら得ることはできないのは言うを待たない。オリンピックで銀や銅のメダリスト達は皆、金メダルを狙って努力した結果なのである。それだけNo.1を目指すのは価値あることなのである。

（3）No. 1を目指す自分の姿を描く

No.1について自分なりに今までとこれからを整理してみよう。

1．今まで大小関係なくNo.1（チーム含）経験のあるテーマは？

①

----

②

----

③

2．これから大小に関係なくNo.1を目指したいと思っているテーマは？

①

----

②

----

③

３．絶えず成長するために

ビジネス環境を取り巻く変化はめまぐるしく変わり、そのスピードも速い。これにチームやメンバーは常に適応が求められるのである。

（１）環境変化の捉え方

取り組んでいる課題や問題解決のプロセスにあって、とくに時間の要するものには容赦なくさまざまな環境の変化が襲いかかり、その適応を求めてくる。

もちろん、環境変化のインパクトはマイナス面ばかりでなくプラス面もあり、これに敏感になることが大事で、結果に大きな相違が出てくる。

こうした変化の中で今の取り組みに固執していると、たとえ完成したとしても目標には届かなかったり、違ったり、損をしたりで結果として失敗を見ることになりかねない。

その環境変化は、次の３つの視点で捉えることができる。

①WHY（何のために）………目的に影響を与えるようなインパクトのある大きな環境変化で、あり得る環境変化ではある。このケースでは目的自体を見直す必要がある。

②WHAT（何を）……目的達成のために必要な案件（何を）などにインパクトのある環境変化で、新たな案件（何をなすべきか）などで見直しする必要がある。

③HOW（どのように）………目的達成のための手段（プロセスや方法）へインパクトのある環境変化で、手段の見直しを行う必要がある。

（２）環境変化に前向きに対応して成長へ

チームの場合も個人の場合も環境変化はWHY⇒WHAT⇒HOWという３通りの区分を意識して、そのインパクトを受け止めると分かりやすい。そして、それを糧として前向きに受け入れ、対応することが絶え間ない成長につながることは間違いのないことなのである。

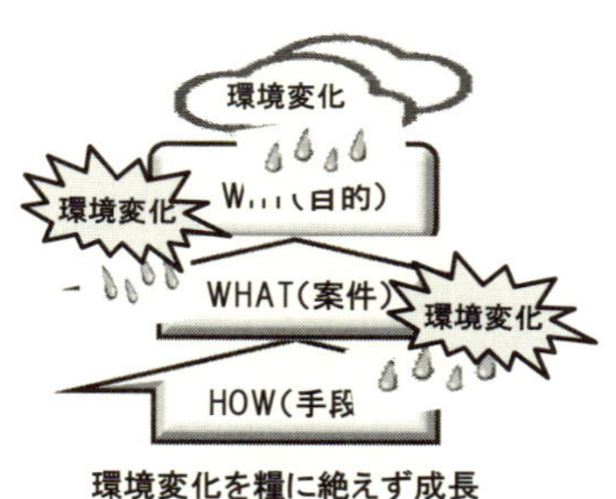

環境変化を糧に絶えず成長

環境変化を理由に解決が滞るようなことは許されることではない。
それぞれ例でみてみよう。

①WHY（目的への環境変化対応例）

＊お客様ニーズの急激な変化を早くキャッチできたので開発予定の商品を新しいニーズに合う商品に切り替え開発できた。

＊国内向けに開発していたシステムを海外進出が予定より早く決定されたことから、グローバル対応システムへの開発に急遽目標を変え、海外進出に間に合った。

②WHAT（案件などへの環境変化対応例）

＊会社の収益悪化のためプロジェクト案件が変更されたので、パイロットでの実証を工夫することにより費用を半減、同じ結果を出せた。

＊発売が早まり開発案件を変更せざるを得なくなったが、競争力を強化するチャンスとメンバーを啓蒙、モチベーションアップにつながり、当初狙った商品と遜色のない商品の開発につなげた。

③HOW（手段への環境変化対応例）

＊予定していた媒体が変更された、または新しいものが開発されたので、それを活用して予想以上のデータ処理ができるシステムができた。

＊競争相手がすでに同じような方法で開発中であることが分かったため開発方法を変更、予想以上に高性能な商品に仕上げられた。

（3）環境変化で対応すべき自分の事例を考えてみよう

WHY⇒WHAT⇒HOWの3つの区分を意識して自分の身近な課題への取り組みの中で環境変化があり、どう対応した例を挙げてみよう。

課題テーマ：

例説明：区分：□WHY　□WHAT　□HOW

４．成功者は常に重要事項優先

世に成功するチームやビジネスパーソンは課題や問題を巧みに解決するための方法として必ず決めることがある。

それがやるべきことのプライオリティ（優先順位）付けである。

（１）プライオリティ管理（優先順位付け）とは

課題や問題の解決に取り組むとき、やらなければならないこと（以下、案件と表示）は数多くあるが、それらの案件は優先度があり同列ではない。

その優先度によってやるべき案件の順番をつけ、あるいはやらない案件を決め、効率良く、合理的に課題や問題を解決しようとするものである。

そして、分かりやすくするために数字でウェート付けすると良い。

①プライオリティ管理のマトリックス

やるべき案件のほとんどは、重要度と緊急度の２つの要素で決まる。そのやるべき案件を右図の通り、重要度と緊急度で２軸をとり４象限のマトリックスでプロットすると分かりやすい。

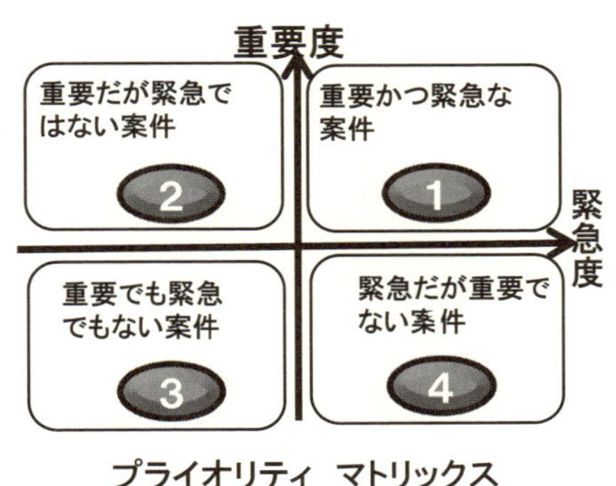

プライオリティ　マトリックス

第一象限①に入る案件は最も重視すべき案件で優先度が最も高い。第二象限②の案件は優先度はそう高くないがしっかり取り組む案件。ここに今は見えてないが大きな夢のある案件も存在するので注目。第三象限③に入る案件は基本的には保留し、最後に必要が生じた場合のみ取り組む程度の案件。第四象限の④に入る案件は重視すべき案件ではないが事情があって対応を急ぐ必要があるため優先度が高くなる案件。

②W付プライオリティ管理のマトリックス

プライオリティを案件ごと具体的につけるためには次のような数字で取り組む必要のある案件を整理すると分かりやすい。

重要度、緊急度それぞれ案件の中で最も高いものにW10、逆に最も低い案件にW1を付け、それ以外の案件を最高、最低の案件と相対比較してW付けをする。
例：Xプロジェクト案件

案件	重要度	緊急度
❶	3	10
❷	2	1
❸	10	7
❹	2	3
❺	8	6
❻	9	2
❼	1	9

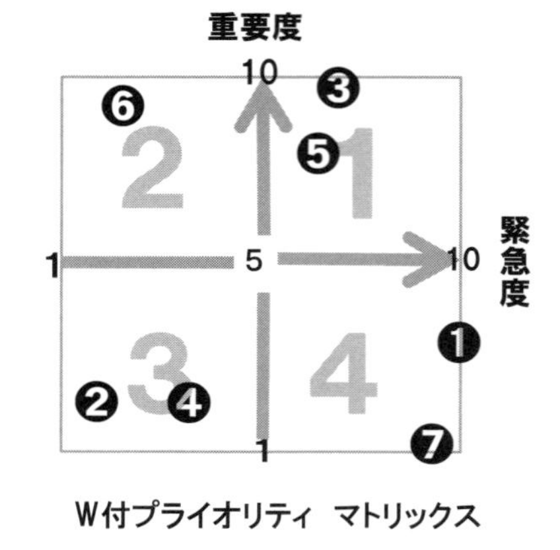

W付プライオリティ　マトリックス

各象限にプロットされた案件は前項で説明した通りの優先順位がつくことになる。第一象限の❸❺は重要で優先度も高い。第二象限の❻は重要だが緊急度はさほど高くないが化けるかもしれないので、急がずしっかり取り組みたい。第三象限の❶❼は緊急度が高いが重たくないので手早く処理したい。この象限は比較的簡単に済むケースが多い。第三象限の❷❹は当分保留して様子見、時として手を付けずに済む案件の場合が多い。

（２）戦略思考のプライオリティ管理とは

取り組む案件の優先度がついたら、多くの成功者がやっている２つの戦略的な取り組みをしたい。

①戦略思考１：急いでやることはいつも一つ

まず優先度の高い一つだけに集中して短期日で徹底集中して取り組み、完成度の高い実績を出すこと。そして次の優先度の高いものへと、順次取り組みを移行し、一つずつしっかり狙う成果を積み上げていくことである。

あれもこれも取りかかってしまうと、それぞれが中途半端でなかなか成果が出ないため、達成感もなく、モチベーションが上がらず、成果も望めなくなる。「二兎を追うものは一兎をも得ず」なのである。

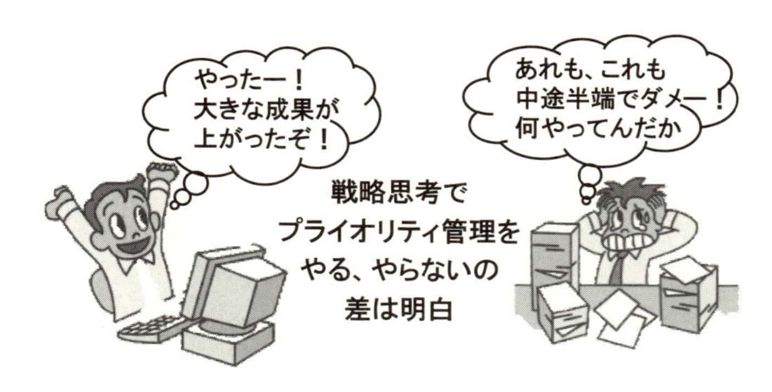

②戦略思考２：やってはいけないことを決めておく

やることは山ほどあっても、与えられた時間と労力は限られており、あれもこれもやることになれば中途半端な結果に終わることは明白である。そこでどうするかというと、簡単ではないが「やらないことを決めておく」ことで力を改革案件に集中させ、成果をしっかり出すことである。

アップルの創業者スティーブ・ジョブスの名言に「やらないことを決める。それが経営だ」というのがある。つまり、限られた時間と労力は真にやりたいこと、挑戦すべきことにだけに集中してつぎ込むことで成功を収めることができる、ということである。これでジョブスはアップルの戦略経営を盤石（ばんじゃく）にしたと言われている。

もう一つ企業の例で、スターバックスは広告宣伝なしで、日本上陸間もないのに「スタバのない県って本当にあるの？」と話題を呼ぶほど有名になった。これはスタバが「広告宣伝はやらないで、店舗に集中する」という「やらないことを決めた」戦略が、効を奏したと言われている。

この戦略思考で前項のマトリックスの例の❷❹の案件などをみると、「やらない案件に相当する。また、迷う場合は「切実度（やりたい、やりたくない）」を併せて決めることも考えたい。

我々の身の回りにはそうした眼で観てみるとたくさんの「やらなくていいもの」が存在しており、やらなくていいものをはっきりさせないから「時間がない、忙しい、間に合わない」と忙殺されているのではないかと思う。

（３）プライオリティ管理で自分の仕事を整理してみよう

①自分の今もっている仕事をとりあえず10個ランダムに洗い出して優先度を下のマトリックスにプロットしてみる。

（ビジネスパーソンでない場合は今やっていること、やろうとしていることで可）

No	案　件　名	重要度	緊急度
①			
②			
③			
④			
⑤			
⑥			
⑦			
⑧			
⑨			
⑩			

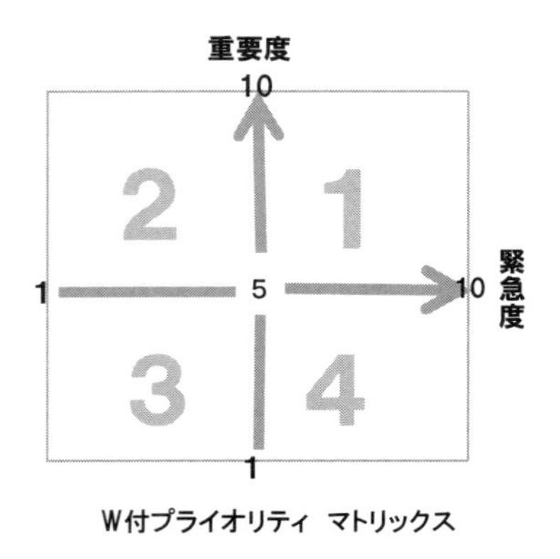

W付プライオリティ　マトリックス

②自分の今もっている、あるいはやろうとしている案件を戦略的に考えて、まず優先的に「やるものを一つだけ」決めるとしたら何？

案件名：＿＿＿＿＿＿＿＿＿＿＿＿＿＿＿＿＿＿＿＿＿＿＿＿＿＿＿＿＿＿

③自分が今もっている、あるいはやろうとしている案件を戦略的に考えて「やらない」と決められるものはどれだけある？

戦略的にとは「なくても、やらなくても困らない、あるいはそれほど困らない、代替案件で済む」ものはやらない、と決めること。

1．案件名：＿＿＿＿＿＿＿＿＿＿＿＿＿＿＿＿＿＿＿＿＿＿＿＿＿＿＿

2．案件名：＿＿＿＿＿＿＿＿＿＿＿＿＿＿＿＿＿＿＿＿＿＿＿＿＿＿＿

3．案件名：＿＿＿＿＿＿＿＿＿＿＿＿＿＿＿＿＿＿＿＿＿＿＿＿＿＿＿

4．案件名：＿＿＿＿＿＿＿＿＿＿＿＿＿＿＿＿＿＿＿＿＿＿＿＿＿＿＿

5．案件名：＿＿＿＿＿＿＿＿＿＿＿＿＿＿＿＿＿＿＿＿＿＿＿＿＿＿＿

6．案件名：＿＿＿＿＿＿＿＿＿＿＿＿＿＿＿＿＿＿＿＿＿＿＿＿＿＿＿

7．案件名：＿＿＿＿＿＿＿＿＿＿＿＿＿＿＿＿＿＿＿＿＿＿＿＿＿＿＿

8．案件名：＿＿＿＿＿＿＿＿＿＿＿＿＿＿＿＿＿＿＿＿＿＿＿＿＿＿＿

9．案件名：＿＿＿＿＿＿＿＿＿＿＿＿＿＿＿＿＿＿＿＿＿＿＿＿＿＿＿

10．案件名：＿＿＿＿＿＿＿＿＿＿＿＿＿＿＿＿＿＿＿＿＿＿＿＿＿＿＿

5. 成功イメージは映像で

ビジョン達成のための戦略課題を実現するため最も重要なことは目標を明確にし、チームやメンバーが共有することである。

そして、チームやメンバーがその目標を真に受け入れ、達成行動へのモチベーションになるようにするのが「目標の映像化」である。

(1) 目標の映像化創り

目標の映像化とは、戦略課題が達成できたモノやコトの状態を、言葉や文字ではなくビジュアルに映像で表すこと、を言う。この映像化がうまくいけば、言葉や文字で表した目標の何倍も訴求効果が期待できる。

①目標の映像化のやり方

文字から入る、いきなり映像から入るどちらでも良いが、イメージが沸いて描きやすいように5W1Hで仮の具体化をする。ただし、HOWはこれからなので不要。

WHEN………いつ頃までに(例:3年後には)
WHERE……どこで(例:世界中のどこからでも)
WHO………誰が(例:我が社と関連会社が)
WHAT……どんなコト、モノがどんな状態(例:すべての仕事がネットでつながり)
WHY………何故そうする(例:世界一働きやすい企業を創りたい)
HOW MUCH……どの程度(例:一人一人が事務所と自宅でも)

これらを、やれるか、やれないかは全く関係ないので右脳を使い、五感をフル動員、何回も何回も以下方法で描いてみる。

* PCなどでパワーポイントを活用して描く(パワーポイントでネット上の無料のクリップアートや写真などを活用すると比較的容易に描ける)。
* 紙に描く。
* 動画を活用して描く。

練習!練習!

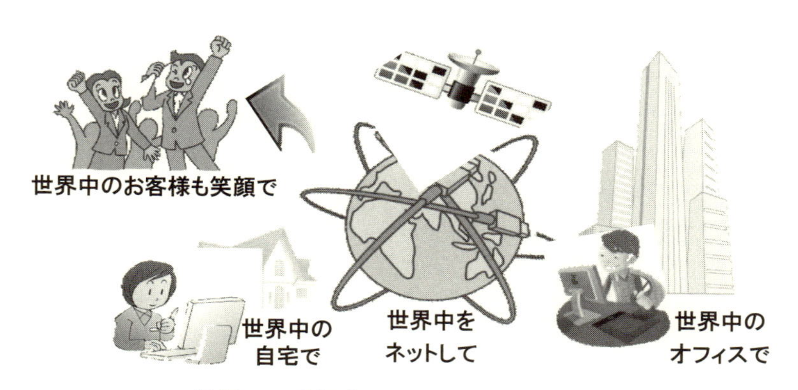

世界で一番働き易い企業グループ創り

上記の絵はPCでパワーポイントとクリップアートを利用して作成した

②映像化がうまくいかないときの留意点

チームもメンバーも映像化がうまくいかない際に留意すべき点は以下の通り。

＊仮の具体化ができていない、あるいまとまっていないのではないか？
＊目標と合っていない、あるいはズレていないか？
（関係者に映像イメージの5W1Hで話してみると確認できる）
＊理論的過ぎて曖昧なところは省かれていないか（左脳が働き過ぎ）？
＊何度でも描き直して目標イメージに近づける努力が足りないのでは？
（通常、一回で目標イメージに合うモノを創れることはない）

（２）映像化の効果

革新や創造に最も大切なものが右脳のエネルギーである。その右脳にとって映像化ほどエネルギーになるモノはない。左脳の論理に比べ10倍、100倍のエネルギーになり得る。

そしてチームやメンバー、あるいは個人的にも目標の映像化は以下の通りの効果が期待できるので積極的に挑戦してほしい。

①現実感を帯びる（未知なモノが出来そうな気になってくる）
②共有、共感性が高い（同じ理解ができ、一体感が生まれる）

③モチベーションが上がる（やりたい気持ちがどんどん上がる）
④何か楽しくわくわく感が出る（行動へのエネルギーが沸いてくる）
⑤五感に訴えてくる（ジッとしているのがもったいなくなり動きたくなる）
⑥易しさを感じる（難しく思っていたことが容易なことに感じられる）

（３）映像化の練習

目標の映像化（成功イメージ創り）に練習に練習を重ねて描いてみる。
①頭で描き、からだで（五感）感じる。
②そうだ、これだと思えたら具体的に手を動かし描く。
（絵コンテを描くような感じで）

練習例１　博物館ガイドの目標達成

練習例２　念願の販売目標全国No. １達成

（４）自分の目標を映像化してみよう

今抱えている、あるいは今後やりたいことを仮の具体化をして映像化してみよう。

１．テーマ：

＿＿＿＿＿＿＿＿＿＿＿＿＿＿＿＿＿＿＿＿

２．目標の仮具体化

＊いつ頃までに……………＿＿＿＿＿＿＿＿＿＿

＊どこで……………………＿＿＿＿＿＿＿＿＿＿

＊誰が………………………＿＿＿＿＿＿＿＿＿＿

＊どんなコト、モノを……＿＿＿＿＿＿＿＿＿＿

＊何故そうする……………＿＿＿＿＿＿＿＿＿＿

＊どの程度…………………＿＿＿＿＿＿＿＿＿＿

３．映像化（動画などの場合は別途）

著者略歴

岡崎宏行（おかざき ひろゆき）
経営コンサルタント、㈱ジェーエヌエル会長、㈱マロネイト代表取締役社長。
1980年早稲田大学大学院理工学研究科博士課程前期コース修了。大学の先生の鞄持ちで学生時代から種々のプロジェクトに参加。ビジネスコンサルティング会社である㈱マネジメントシステムズ取締役コンサルティング事業部長を経て、1988年ビジネスコンサルティング会社である㈱マロネイト（社名は恩師につけてもらう）設立、代表取締役社長となる（現任）。1989年㈱クリエイティブ・ヒロ設立、代表取締役社長として、創造的なＰＪに取組む 1994年㈱日本ビジネス・システムズ設立、代表取締役会長としてコンサルティングのオーガナイザーとプロセスコンサルティングの標準化を目指す（現任）。2000年㈱ジェーエヌエル取締役社長として、営業革新を中核とするビジネスコンサルティングに従事、2003年㈱ジェーエヌエルの代表取締役会長となり、ＢtoＢのビジネスコンサルティングとしてサービズメニューの幅を拡げる 2004年㈱営業モデル研究所代表取締役社長となり、ＢtoＣのビジネスコンサルティングと仮説検証のシステム提供を行なう（現任）。2005年㈱ジェーエヌエル取締役会長となる（現任）。2014年センチュリーイノヴェーション㈱代表取締役会長として、モノづくりの革新に取組む（現任）。2018年㈱営業モデル研究所のシステム支援会社として㈱BMIテクノロジー設立、取締役となる（現任）。2019年学生時代から関わっていた先輩の会社である二葉商事㈱の社外取締役となる（現任）。
専門分野は、戦略策定支援（ビジョニング他）、個別課題解決支援（課題解決手順の提供）、システムデザイン（PIOMまで）、ＩＥ（インダスリアル・エンジニアリング）、組織開発（OD、チームビルディング）、コミュニケーション・スキル（PLC他）、ＩＴ（シリコンバレーのパートナー企業の活用と情報提供）で、数千億～数兆円規模の企業の経営者と実践プロジェクトのプロセスコンサルタントとして活動している。
他に日経BP社の『SBS＋IT』でシステム化について連載、総務省／行政システム研究所発行『行政と情報システム』（システム化のコツ）連載、経済産業省『ＩT経営百選』審査委員、日本能率協会専任講師、日本生産性本部外部講師、事業創造大学院大学ＩＴ経営講座副主任指導者、明治大学非常勤講師などの活動も行ってきている

佐久間輝雄（さくま てるお）
オフィスSAKUMA代表。
1963年日産自動車入社、５年間社会人野球（捕手）でプレー。調査部、総務部、部品事業部次長などの職務を経て、1994年から日産部品大阪販売常務、日産部品京滋販売社長、日産部品千葉販売社長として関連会社の経営に携わる。この

間、部門構造改革、海外進出プロジェクト、関連会社経営改革指導など、多くのプロジェクトを担当。
1982年企業教育訓練制度開発で業界初の労働省認定、1987年世界初の部品自動検索システム開発で５省庁主催情報化月間で優秀システム賞受賞、CD-RM 情報媒体実用化で日立評論最優秀論文賞受賞。
2012年よりオフィスSAKUMA代表。
2013年より明治大学非常勤講師（青年社長養成講座、ビジネスイノベーション講座担当）

藤江昌嗣（ふじえ　まさつぐ）
明治大学経営学部専任教授、MOSマネジメント・オブ・サスティナビリティ研究所所長、京都大学博士（経済学）。
1954年釧路市生、帯広市を経て、浦和市転居、1978年京都大学経済学部卒業、日本鋼管株式会社、神戸大学大学院を経て、岩手大学人文社会科学部専任講師、東京農工大学農学部助教授、明治大学経営学部助教授、1993年同大学教授、現在に至る。2000年～2002年ポートランド州立大学客員教授として、行政・企業のパフォーマンスメジャメント論を研究、2012年から2016年3月まで明治大学副学長（社会連携担当）。
専攻は、統計学、経済学。実質分野としてパフォーマンスメジャメント論、移転価格論・同税制を研究対象としている。学部時代は経済統計学のゼミ（野澤正徳先生）に所属し、岩手大学時代から東京農工大学、明治大学の現在まで統計学（数理統計学・経営統計学）を36年間担当してきた。データを用いた分析に関心を持ち、道具としての統計学を研究・教育してきた。移転価格税制は日本経済のグローバル化が進んだ1987年以降の企業にとっての難題で、問題発生当初から税務・統計・情報等の視点でグローバルなレベルで企業と国・地方自治体の取り組み状況と課題を追いかけている。大学院時代は置塩信雄先生にマクロ経済学（景気循環と各局面での経済諸量の動き）を数理モデルとそのシミュレーションを通じて学ぶ。
現在は、「ビッグデータ時代」の大量データと医療や福祉などの治療・リハビリにおける「スモール（少数）データ）の両者に対する分析にこだわり、苦闘している最中である。また、アジア、とりわけ東南アジアを中心に、地政学的視点を加えた日本企業の経営分析を進めている。
主要著書として、『移転価格税制と地方税還付』（中央経済社、1993年）、杉山光信との共編著『アジアからの戦略的思考と新地政学』（芙蓉書房出版、2015年）、『新ビジネス・スタティスティクス』（冨山房インターナショナル、2016年）、マイケル スミス著、共訳『プログラム評価入門』（梓出版社、2009年）などがあり、近刊として『ビッグデータ時代の統計データ分析入門』（学文社、2019年）を予定している。

企業経営と人生設計のワークブック

――経営はアート、管理はサイエンス――

2019年10月24日　第1刷発行

著　者

おかざきひろゆき　さくまてるお　ふじえまさつぐ

岡崎宏行・佐久間輝雄・藤江昌嗣

発行所

㈱芙蓉書房出版

（代表　平澤公裕）

〒113-0033東京都文京区本郷3-3-13

TEL 03-3813-4466　FAX 03-3813-4615

http://www.fuyoshobo.co.jp

印刷・製本／モリモト印刷

ISBN978-4-8295-0773-5